고사성어 익히며 따라쓰기

고사성어 익히며 따라쓰기

초판 1쇄 발행 2025년 8월 25일

편저자 편집부
펴낸이 이환호
펴낸곳 나무의꿈

등록번호 제 10-1812호
주 소 경기도 의왕시 내손로 14, 204동 502호 (내손동, 인덕원 센트럴 자이 A)
전 화 031)425-8992 **팩 스** 031)425-8993

ISBN 979-11-92923-08-6(13710)

* 잘못 만들어진 책은 구입처나 본사에서 교환해 드립니다.

머리말

사성어는 옛날의 이야기와 교훈이 담긴 짧은 네 글자로 이루어진 표현으로, 우리의 문화와 지혜를 간결하게 전달하는 중요한 언어적 자산입니다. 이러한 성어를 익히는 것은 단순히 어휘력을 늘리는 것뿐만 아니라, 올바른 사고방식과 가치관을 형성하는 데도 큰 도움을 줍니다.

고사성어를 따라쓰기는 학습자가 자연스럽게 그 의미와 쓰임새를 몸에 익히는 효과적인 방법입니다. 반복적인 따라쓰기를 통해 성어의 글자와 의미를 기억하고, 일상생활이나 글쓰기에서도 자연스럽게 활용할 수 있게 됩니다. 또한, 성어의 유래와 이야기를 함께 공부하면, 그 속에 담긴 교훈과 지혜를 깊이 이해할 수 있어, 사고력과 비판적 사고 능력도 함께 향상됩니다.

이와 같은 학습 방법은 학생뿐만 아니라 성인에게도 유익하며, 문화적 소양을 높이는 데도 큰 역할을 합니다. 특히, 고사성어는 문학 작품이나 공식적인 자리에서도 자주 사용되기 때문에, 이를 익혀두면 말과 글의 품격이 한층 높아지고, 의사소통 능력도 향상됩니다. 따라서, 오늘의 학습은 단순한 암기에서 벗어나, 성어의 의미와 이야기를 깊이 이해하고, 이를 일상생활과 글쓰기에서 자연스럽게 활용하는 데 초점을 맞추는 것이 중요합니다.

앞으로의 학습 과정에서 꾸준한 반복과 성어에 담긴 교훈을 곱씹으며, 우리말의 아름다움과 지혜를 함께 느껴보시기 바랍니다. 고사성어 익히기와 따라쓰기를 통해, 더 풍부하고 깊이 있는 언어 생활을 만들어 가시길 응원합니다.

佳人薄命 가인박명 출전: 소식
미인은 불행하거나 병약하여 요절하는 일이 많음.

佳	佳	佳	佳						
아름다울 가		亻 亻 亻 佳 佳 佳							
人	人	人	人						
사람 인		丿 人							
薄	薄	薄	薄						
엷을 박		艹 萡 萡 萡 薄 薄							
命	命	命	命						
목숨 명		人 人 人 合 合 命							

各自爲政 각자위정 출전: 춘추좌씨전
'저마다 스스로 정치를 한다'는 뜻으로, 각각의 사람들이 자기 마음대로 한다면 전체와의 조화나 타인과의 협력을 생각하기 어렵게 된다는 뜻.

各	各	各	各						
각각 각		丿 夂 夂 冬 各 各							
自	自	自	自						
스스로 자		丿 亻 자 自 自 自							
爲	爲	爲	爲						
할 위		丶 丿 丷 广 爲 爲							
政	政	政	政						
정사 정		丁 正 正 政 政 政							

刻舟求劍 각주구검 출전: 여씨춘추 찰금편
융통성 없이 현실에 맞지 않는 낡은 생각을 고집하는 어리석음을 이르는 말.

刻	刻	刻	刻				
새길 각	一 亠 亥 亥 亥 刻						
舟	舟	舟	舟				
배 주	′ 丿 力 月 月 舟						
求	求	求	求				
구할 구	一 十 十 才 求 求						
劍	劍	劍	劍				
칼 검	亼 合 侖 侖 僉 劍						

肝腦塗地 간뇌도지 출전: 사기 유경열전
'참혹한 죽임을 당하여 간장과 뇌수가 땅에 널려 있다'는 뜻으로, 나라를 위하여 목숨을 돌보지 않고 애를 씀을 이르는 말.

肝	肝	肝	肝				
간 간	刀 月 月 月 肝 肝						
腦	腦	腦	腦				
골 뇌	肝 腦 腦 腦 腦 腦						
塗	塗	塗	塗				
칠할 도	氵 汢 沐 涂 塗 塗						
地	地	地	地				
땅 지	一 十 土 圠 地 地						

肝膽楚越 간담초월 출전: 장자 덕충부
보는 관점에 따라 비슷해 보이는 것이라도 전혀 다르고, 가까운 것이라도 멀리 보인다는 말임.

肝	肝	肝	肝						
간 간		刀 月 月 肝 肝 肝							
膽	膽	膽	膽						
쓸개 담		月 肝 肝 胯 膽 膽							
楚	楚	楚	楚						
초나라 초		十 木 林 林 棥 楚							
越	越	越	越						
넘을 월		走 走 走 越 越 越							

竭澤而漁 갈택이어 출전: 여씨춘추
'연못의 물을 말려 고기를 잡는다'는 뜻으로, 일시적인 욕심 때문에 먼 장래를 생각하지 않음.

竭	竭	竭	竭						
다할 갈		亠 立 표 䶈 竭 竭							
澤	澤	澤	澤						
못 택		氵 澤 澤 澤 澤 澤							
而	而	而	而						
말 이을 이		一 丆 丙 而 而							
漁	漁	漁	漁						
고기 잡을 어		氵 氵 浐 浐 浐 漁							

蓋棺事定 개관사정 출전: 두보 군불견

'시체를 관에 넣고 뚜껑을 덮은 후에야 일을 결정할 수 있다'는 뜻으로, 사람이 죽은 후에야 비로소 그 사람에 대한 평가가 제대로 됨을 이르는 말.

蓋	蓋	蓋	蓋				
덮을 개	艹 芏 萎 荖 蓋						
棺	棺	棺	棺				
널 관	丨 十 木 柃 棺 棺						
事	事	事	事				
일 사	一 厂 戸 写 亘 事						
定	定	定	定				
정할 정	宀 宀 宀 宁 定 定						

開卷有益 개권유익 출전: 왕벽지 승수연담록

'책을 펴서 읽으면 반드시 이로움이 있다'는 뜻으로, 독서를 권장하는 말. 개권은 책을 펴서 읽는 것을 말함.

開	開	開	開				
열 개	丨 厂 广 門 門 開						
卷	卷	卷	卷				
책 권	丷 䒑 并 夹 衾 卷						
有	有	有	有				
있을 유	一 ナ 才 有 有 有						
益	益	益	益				
더할 익	八 公 分 父 衾 益						

開門揖盜 개문읍도 출전: 삼국지 오서 손권전
'일부러 문을 열어 놓고 도둑을 청한다'는 뜻으로, 스스로 화를 불러 들인다는 말.

開	開	開	開				
열 개			丨 冂 冂 門 閂 開				
門	門	門	門				
문 문			丨 冂 冂 冃 門 門				
揖	揖	揖	揖				
읍할 읍			一 扌 护 护 捐 揖				
盜	盜	盜	盜				
도둑 도			氵 沪 次 浟 盗 盜				

開源節流 개원절류 출전: 순자 부국편
'재원을 늘리고 지출을 줄인다'는 뜻으로, 부를 이루기 위하여 반드시 지켜야 할 원칙을 비유한 말.

開	開	開	開				
열 개			丨 冂 冂 門 閂 開				
源	源	源	源				
근원 원			汀 沪 沪 源 源 源				
節	節	節	節				
마디 절			⺮ 笳 筲 筲 節 節				
流	流	流	流				
흐를 류(유)			氵 汁 浐 浐 流 流				

擧棋不定 거기부정 출전: 춘추좌씨전

'바둑을 두는 데 포석할 자리를 결정하지 않고 둔다면 한 집도 이기기 어렵다'는 뜻으로, 사물을 명확한 방침이나 계획을 갖지 않고 대함을 의미.

擧	擧	擧	擧				
들 거	𦥑 𦥑 𦥑 與 與 擧						
棋	棋	棋	棋				
바둑 기	十 木 木 柑 棋 棋						
不	不	不	不				
아닐 불	一 丆 不 不						
定	定	定	定				
정할 정	宀 宀 宀 宁 定 定						

車水馬龍 거수마룡 출전: 후한서 명덕마황후기

흐르는 물이나 길게 늘어진 용처럼 거마의 왕래가 잦음을 나타내는 것으로 사람의 행차가 장관을 이루는 모습을 말한다.

車	車	車	車				
수레 거	一 冂 冂 亘 車 車						
水	水	水	水				
물 수	丨 刂 水 水						
馬	馬	馬	馬				
말 마	丨 厂 丌 馬 馬 馬						
龍	龍	龍	龍				
용 룡	青 青 青 龍 龍 龍						

擧案齊眉 거안제미 출전: 후한서

'밥상을 눈썹과 가지런하도록 공손히 들어 남편 앞에 가지고 간다'는 뜻으로, 남편을 깍듯이 공경함을 이르는 말.

擧	擧	擧	擧						
들 거		作 作 御 與 與 擧							
案	案	案	案						
책상 안		宀 宀 安 安 案 案							
齊	齊	齊	齊						
가지런할 제		亠 亣 亦 亦 齊 齊							
眉	眉	眉	眉						
눈썹 미		一 ㄱ 尸 尸 眉 眉							

擧措失當 거조실당 출전: 사기 진시황본기

모든 조치가 정당하지 않음.

擧	擧	擧	擧						
들 거		作 作 御 與 與 擧							
措	措	措	措						
둘 조		扌 扌 扜 措 措 措							
失	失	失	失						
잃을 실		ノ ヒ 仁 失 失							
當	當	當	當						
마땅 당		丷 当 当 常 常 當							

桀犬吠堯 걸견폐요 출전: 사기 회음후전

'걸왕의 개가 요임금을 향하여 짖는다'는 뜻으로, 각자 자기의 주인에게 충성을 다함을 비유적으로 이르는 말.

桀	桀	桀	桀					
홰 걸	ク ク ク 伊 伊 桀 桀							
犬	犬	犬	犬					
개 견	一 ナ 大 犬							
吠	吠	吠	吠					
짖을 폐	丶 丨 口 口 吠 吠							
堯	堯	堯	堯					
요임금 요	一 十 卉 垚 垚 堯							

犬牙相錯 견아상착 출전: 한서 중산정왕전

땅의 경계가 일직선으로 되어 있지 않고 개의 이빨처럼 들쭉날쭉 서로 어긋남.

犬	犬	犬	犬					
개 견	一 ナ 大 犬							
牙	牙	牙	牙					
어금니 아	一 二 牙 牙							
相	相	相	相					
서로 상	一 十 才 札 相 相							
錯	錯	錯	錯					
어긋날 착	金 金 鉗 鉗 錯 錯							

兼聽則明 겸청즉명 출전: 신당서 위징전
여러 사람의 의견을 들어 보면 시비를 정확하게 판단할 수 있음.

兼	兼	兼	兼				
겸할 겸	丶 乊 亠 亖 兼 兼						
聽	聽	聽	聽				
들을 청	耳 耳 耵 聴 聴 聽						
則	則	則	則				
곧 즉	丨 冂 目 貝 則 則						
明	明	明	明				
밝을 명	丨 冂 日 明 明 明						

傾箱倒篋 경상도협 출전: 진서
'광주리를 기울이고 상자를 엎는다'는 뜻으로, 가진 것을 남김없이 다 내놓아 극진히 환대함을 이르는 말.

傾	傾	傾	傾				
기울 경	亻 亻 化 仳 值 傾						
箱	箱	箱	箱				
상자 상	丶 竹 竹 竹 箱 箱						
倒	倒	倒	倒				
넘어질 도	亻 亻 佢 佢 侳 倒						
篋	篋	篋	篋				
상자 협	丶 竹 竹 笁 篋 篋						

鷄口牛後 계구우후 출전: 사기 소진전

'닭의 주둥이와 소의 꼬리'라는 뜻으로, 큰 단체의 꼴찌보다는 작은 단체의 우두머리가 되는 것이 오히려 나음을 이르는 말.

鷄	鷄	鷄	鷄					
닭 계								
口	口	口	口					
입 구								
牛	牛	牛	牛					
소 우								
後	後	後	後					
뒤 후								

季札掛劍 계찰괘검 출전: 사기 오태백세가

'계찰이 검을 걸어 놓다'는 뜻으로, 신의를 중히 여김.

季	季	季	季					
계절 계								
札	札	札	札					
편지 찰								
掛	掛	掛	掛					
걸 괘								
劍	劍	劍	劍					
칼 검								

鼓腹擊壤 고복격양 출전: 십팔사략

태평한 세월을 즐김을 이르는 말. 중국 요임금 때 한 노인이 배를 두드리고 땅을 치면서 요임금의 덕을 찬양하고 태평성대를 즐겼다는 데서 유래한다.

鼓	鼓	鼓	鼓						
북 고	士 吉 声 彭 鼓 鼓								
腹	腹	腹	腹						
배 복	月 扩 胪 脂 腹 腹								
擊	擊	擊	擊						
칠 격	車 車 車 軗 毄 擊								
壤	壤	壤	壤						
흙덩이 양	扩 壡 壠 壝 壤 壤								

高陽酒徒 고양주도 출전: 사기

술을 좋아하여 제멋대로 행동하는 사람을 비유.

高	高	高	高						
높을 고	ㆍ 亠 古 产 高 高								
陽	陽	陽	陽						
볕 양	阝 阝 阳 阳 陽 陽								
酒	酒	酒	酒						
술 주	氵 氿 沂 洒 酒 酒								
徒	徒	徒	徒						
무리 도	彳 彷 徒 徒 徒 徒								

曲突徙薪 곡돌사신 출전: 한서

'굴뚝을 꼬불꼬불하게 만들고 아궁이 근처의 나무를 다른 곳으로 옮긴다'는 뜻으로, 화근을 미리 방지하라는 말.

曲	曲	曲	曲				
굽을 곡	丨 冂 冂 曲 曲 曲						
突	突	突	突				
갑자기 돌	宀 宂 穴 空 突 突						
徙	徙	徙	徙				
옮길 사	丿 彳 彳 徙 徙 徙						
薪	薪	薪	薪				
섶 신	亠 艹 䒑 䒑 薪 薪						

曲學阿世 곡학아세 출전: 사기

'학문을 굽히어 세상에 아첨한다'는 뜻으로, 바른길에서 벗어난 학문으로 세상 사람에게 아첨함.

曲	曲	曲	曲				
굽을 곡	丨 冂 冂 曲 曲 曲						
學	學	學	學				
배울 학	丨 臼 臼 爻 學 學						
阿	阿	阿	阿				
언덕 아	乛 阝 阝 阿 阿 阿						
世	世	世	世				
인간 세	一 十 廿 冊 世						

骨肉之親 골육지친 출전: 여씨춘추 계추기 정통편

'뼈와 살을 같이 나눈 사이로서 서로 떨어질 수 없는 친족'이란 뜻으로, 부자와 형제 또는 그와 가까운 혈족을 지칭하는 말.

骨	骨	骨	骨				
뼈 골	冂 冎 咼 骨 骨 骨						
肉	肉	肉	肉				
고기 육	丨 冂 内 内 肉 肉						
之	之	之	之				
갈 지	丶 亠 ㇇ 之						
親	親	親	親				
친할 친	立 辛 亲 新 親 親						

空中樓閣 공중누각 출전: 몽계필담

'공중에 떠 있는 누각'이라는 뜻으로, 아무런 근거나 토대가 없는 사물이나 생각을 비유적으로 이르는 말.

空	空	空	空				
빌 공	丶 宀 宂 㚄 空 空						
中	中	中	中				
가운데 중	丨 口 口 中						
樓	樓	樓	樓				
다락 루(누)	木 朾 朾 桓 槰 樓						
閣	閣	閣	閣				
집 각	丨 冂 門 門 閁 閣						

功虧一簣 공휴일궤 출전: 서경
'산을 쌓아 올리는데 한 삼태기의 흙을 게을리하여 완성을 보지 못한다'는 뜻으로, 거의 이루어진 일을 중지하여 오랜 노력이 아무 보람도 없게 됨을 비유적으로 이르는 말.

功								
공 공	ー丁工功							
虧								
이지러질 휴	广庐虍雇雇虧							
一								
한 일	一							
簣								
삼태기 궤	⺮ 竹 笞 筲 簣 簣							

巧言令色 교언영색 출전: 논어 학이편
'말을 교묘하게 하고 얼굴빛을 꾸민다'는 뜻으로, 아첨하는 말과 알랑거리는 태도.

巧								
공교할 교	ー丁工巧							
言								
말씀 언	丶亠言言言言							
令								
하여금 령(영)	ノ人𠆢今令							
色								
빛 색	ノ⺈㞢刍刍色							

矯枉過正 교왕과정 출전: 후한서

'굽은 것을 바로잡으려다가 정에 지나치게 곧게 한다'는 뜻으로, 잘못된 것을 바로잡으려다가 너무 지나쳐서 오히려 나쁘게 됨을 이르는 말.

矯	矯	矯	矯					
바로잡을 교	矢 矦 矫 矫 矯 矯							
枉	枉	枉	枉					
굽을 왕	一 十 オ 木 杆 枉							
過	過	過	過					
지날 과	冎 冎 咼 咼 過 過							
正	正	正	正					
바를 정	一 丅 下 正 正							

口蜜腹劍 구밀복검 출전: 당서

'입에는 꿀이 있고 배 속에는 칼이 있다'는 뜻으로, 말로는 친한 듯하나 속으로는 해칠 생각이 있음을 이르는 말.

口	口	口	口					
입 구	丨 冂 口							
蜜	蜜	蜜	蜜					
꿀 밀	宀 宓 宓 密 密 蜜							
腹	腹	腹	腹					
배 복	月 胪 胪 腹 腹 腹							
劍	劍	劍	劍					
칼 검	亼 合 合 僉 僉 劍							

捲土重來 권토중래 출전: 두목 제오강정

'땅을 말아 일으킬 것 같은 기세로 다시 온다'는 뜻으로, 한 번 실패하였으나 힘을 회복하여 다시 쳐들어옴을 이르는 말.

捲	捲	捲	捲				
거둘 권	扌 扌 扩 护 拣 捲						
土	土	土	土				
흙 토	一 十 土						
重	重	重	重				
무거울 중	一 亡 亩 审 重 重						
來	來	來	來				
올 래(내)	一 十 十 歺 來 來						

歸馬放牛 귀마방우 출전: 서경 목서편

'전쟁에 썼던 말과 소를 놓아준다'는 뜻으로, 더 이상 전쟁을 하지 아니함을 이르는 말.

歸	歸	歸	歸				
돌아갈 귀	𠂤 𠂤 𠂤 歸 歸 歸						
馬	馬	馬	馬				
말 마	丨 厂 丆 闩 馬 馬						
放	放	放	放				
놓을 방	亠 方 方 扩 劤 放						
牛	牛	牛	牛				
소 우	丿 ㅗ 二 牛						

近悅遠來 근열원래 출전: 논어 자로편

'부근에 있는 사람들이 즐거워하고, 먼 곳의 사람들이 흠모하여 모여든다'는 뜻으로, 덕이 널리 미침을 이르는 말.

近	近	近	近				
가까울 근	ㄱ ㄷ ㄤ ㄤ 近 近						
悅	悅	悅	悅				
기뻐할 열	ㆍ 忄 忄 怡 怡 悅						
遠	遠	遠	遠				
멀 원	十 土 吉 声 袁 遠						
來	來	來	來				
올 래(내)	一 冂 丆 㐅 來 來						

金科玉條 금과옥조 출전: 양웅

'금옥과 같은 법률'이라는 뜻으로, 소중히 여기고 지켜야 할 규칙이나 교훈.

金	金	金	金				
쇠 금	人 스 수 全 金 金						
科	科	科	科				
과목 과	一 千 禾 禾 科 科						
玉	玉	玉	玉				
구슬 옥	一 丁 干 王 玉						
條	條	條	條				
가지 조	亻 仃 伫 修 俢 條						

金石爲開 금석위개 출전: 한서 매복전

'쇠와 돌을 열리게 한다'는 뜻으로, 강한 의지로 전력을 다하면 어떤 일에도 성공할 수 있다는 말.

己飢己溺 기기기익 출전: 맹자 이루장구 하

'자기가 굶주리고 자기가 물에 빠진 듯이 생각한다'는 뜻으로, 다른 사람의 고통을 자기의 고통으로 여겨 그들의 고통을 덜어주기 위해 최선을 다함.

起死回生 기사회생 출전: 한서 춘추곡량전
거의 죽을 뻔하다가 도로 살아남.

起	起	起	起				
일어날 기	土 キ 走 起 起 起						
死	死	死	死				
죽을 사	一 ア ヌ 歹 死 死						
回	回	回	回				
돌아올 회	丨 冂 冋 冋 回 回						
生	生	生	生				
날 생	ノ ヒ 牛 牛 生						

騎虎難下 기호난하 출전: 수서 독고황후전
'호랑이를 타고 달리다가 도중에서 내릴 수 없다'는 뜻으로, 무슨 일을 하다가 도중에서 그만두거나 물러설 수 없는 형세를 이르는 말.

騎	騎	騎	騎				
말 탈 기	馬 馬 馬奇 馬奇 騎 騎						
虎	虎	虎	虎				
범 호	ㅣ ト ト 广 虍 虎						
難	難	難	難				
어려울 난	荁 莫 募 募 鄞 難						
下	下	下	下				
아래 하	一 丁 下						

亂臣賊子 난신적자 출전: 맹자 등문공장구하
나라를 어지럽게 하는 신하와 어버이를 해치는 자식 또는 불충한 무리.

亂							
어지러울 란(난)	ㆍ ㆍ 肖 肖 肖 亂						
臣							
신하 신	一 丆 丆 둔 듄 臣						
賊							
도둑 적	貝 貯 貯 賊 賊 賊						
子							
아들 자	ㄱ 了 子						

難兄難弟 난형난제 출전: 세설신어
'누구를 형이라 하고 누구를 아우라 하기 어렵다'는 뜻으로, 두 사물이 비슷하여 낫고 못함을 정하기 어려움을 이르는 말.

難							
어려울 난	並 莫 莫 對 鄭 難						
兄							
형 형	ㆍ 口 口 尸 兄						
難							
어려울 난	並 莫 莫 對 鄭 難						
弟							
아우 제	ㆍ ㆍ ㆍ 马 弟 弟						

南郭濫吹 남곽남취 출전: 한비자
'남곽이 함부로 분다'는 뜻으로, 학예에 전문 지식도 없이 함부로 날뜀을 두고 이르는 말.

南	南	南	南				
남녘 남	十 冂 内 内 内 南 南						
郭	郭	郭	郭				
둘레 곽	亠 亨 享 享 郭 郭						
濫	濫	濫	濫				
넘칠 람(남)	氵 泙 泙 濫 濫 濫						
吹	吹	吹	吹				
불 취	丨 口 口 吖 吹 吹						

狼狽爲奸 낭패위간 출전: 유양잡조
흉악한 무리들이 모략을 꾸미는 것을 이르는 말.

狼	狼	狼	狼				
이리 랑(낭)	丬 犭 犭 犭 狼 狼						
狽	狽	狽	狽				
이리 패	丬 犭 犭 犭 狽 狽						
爲	爲	爲	爲				
할 위	´ ´ ´ 广 爲 爲						
奸	奸	奸	奸				
간사할 간	乚 ㄥ 女 女 奸 奸						

內憂外患 내우외환 출전: 춘추좌씨전
나라 안팎의 여러 어려운 일들과 근심거리.

內	內	內	內					
안 내	ㅣ 冂 冂 內							

憂	憂	憂	憂					
근심 우	一 百 百 焉 夢 憂							

外	外	外	外					
바깥 외	ノ ク タ 外 外							

患	患	患	患					
근심 환	口 吕 串 串 患 患							

駑馬十駕 노마십가 출전: 순자집해 권학편
'느리고 둔한 말도 준마의 하룻길을 열흘에는 갈 수 있다'는 뜻으로, 둔하고 재능이 모자라는 사람도 열심히 하면 훌륭한 사람이 될 수 있음을 비유적으로 이르는 말.

駑	駑	駑	駑					
둔한 말 노	女 奴 奴 努 駑 駑							

馬	馬	馬	馬					
말 마	ㅣ 厂 厂 馬 馬 馬							

十	十	十	十					
열 십	一 十							

駕	駕	駕	駕					
멍에 가	力 加 架 架 駕 駕							

老馬之智 노마지지 **출전: 한비자 설림상**

'늙은 말의 지혜'라는 뜻으로, 연륜이 깊으면 나름의 장점과 특기가 있음. 또는 저마다 한 가지 재주는 지녔다는 말.

老	老	老	老					
늙을 로(노)	｜ 一 十 土 耂 耂 老							
馬	馬	馬	馬					
말 마	｜ 厂 兀 丐 馬 馬							
之	之	之	之					
갈 지	﹅ 亠 ㇇ 之							
智	智	智	智					
슬기 지	亠 矢 知 智 智 智							

怒髮衝冠 노발충관 **출전: 사기 염파인상여열전**

'노하여 일어선 머리카락이 관을 추켜올린다'는 뜻으로, 몹시 성이 난 모양을 이르는 말.

怒	怒	怒	怒					
성낼 노	夊 女 如 奴 怒 怒							
髮	髮	髮	髮					
터럭 발	镸 髟 髣 髣 髮 髮							
衝	衝	衝	衝					
찌를 충	彳 徍 徻 徸 衝 衝							
冠	冠	冠	冠					
갓 관	冖 冖 冖 冠 冠 冠							

鹿死誰手 녹사수수 출전: 진서

'사슴이 누구의 손에 죽는가'라는 뜻으로, 승패를 결정하지 못하는 것을 이르는 말.

鹿	鹿	鹿	鹿					
사슴 록(녹)	亠 广 户 声 庐 鹿							
死	死	死	死					
죽을 사	一 ァ ゔ 歹 死 死							
誰	誰	誰	誰					
누구 수	言 訂 訐 訐 誰 誰							
手	手	手	手					
손 수	一 二 三 手							

屢見不鮮 누견불선 출전: 사기 역생육가열전

'자주 대하니 신선함이 없다'는 뜻으로, 너무 자주 보아 전혀 새롭지 않음.

屢	屢	屢	屢					
여러 루(누)	尸 尸 屈 屋 屢							
見	見	見	見					
볼 견	丨 冂 冃 目 貝 見							
不	不	不	不					
아닐 불	一 フ 丆 不							
鮮	鮮	鮮	鮮					
고울 선	〃 伯 魚 魟 鮮 鮮							

多多益善 다다익선 출전: 사기 회음후열전
많으면 많을수록 더욱 좋음.

多	多	多	多					
많을 다		ノ ク タ タ 多 多						
多	多	多	多					
많을 다		ノ ク タ タ 多 多						
益	益	益	益					
더할 익		八 ム 公 谷 益 益						
善	善	善	善					
착할 선		゛ ゛ 브 羊 善 善						

大器晚成 대기만성 출전: 노자
'큰 그릇을 만드는 데는 시간이 오래 걸린다'는 뜻으로, 크게 될 사람은 늦게 이루어짐을 이르는 말.

大	大	大	大					
클 대		一 ナ 大						
器	器	器	器					
그릇 기		吅 罒 哭 哭 器 器						
晚	晚	晚	晚					
늦을 만		刂 日 旷 昤 晬 晚						
成	成	成	成					
이룰 성		厂 厅 厉 成 成 成						

對牛彈琴 대우탄금 출전: 한서 공손승열전

'소를 마주 대하고 거문고를 탄다'는 뜻으로, 어리석은 사람에게는 깊은 이치를 말해 주어도 알아듣지 못하므로 아무 소용이 없음을 이르는 말.

對	對	對	對				
대할 대		" 业 业 丵 圭 對					
牛	牛	牛	牛				
소 우		ノ ⺊ 二 牛					
彈	彈	彈	彈				
탄알 탄		゜ 彳 彈 彈 彈 彈					
琴	琴	琴	琴				
거문고 금		一 ⺩ 玨 珡 琴 琴					

代人捉刀 대인착도 출전: 세설신어

'남을 대신하여 칼을 잡는다'는 뜻으로, 남을 대신하여 일을 함.

代	代	代	代				
대신할 대		ノ 亻 仁 代 代					
人	人	人	人				
사람 인		ノ 人					
捉	捉	捉	捉				
잡을 착		扌 扣 护 押 捉 捉					
刀	刀	刀	刀				
칼 도		フ 刀					

屠龍之技 도룡지기 출전: 장자 외물편
'용을 잡는 기술'이란 뜻으로, 아무리 교묘해도 실용적 가치가 없는 기술을 비유적으로 이르는 말.

屠	屠	屠	屠					
죽일 도		ㄱ 尸 尸 屍 屠 屠						
龍	龍	龍	龍					
용 룡(용)		育 育 育 青 龍 龍						
之	之	之	之					
갈 지		丶 亠 ㇇ 之						
技	技	技	技					
재주 기		一 扌 扌 扩 抃 技						

道傍苦李 도방고리 출전: 진서
'길가에 있는 쓴 자두 열매'라는 뜻으로, 남에게 버림받음을 비유해 이르는 말.

道	道	道	道					
길 도		﹀ 丷 首 首 道 道						
傍	傍	傍	傍					
곁 방		一 亠 产 产 产 旁						
苦	苦	苦	苦					
쓸 고		一 卄 놘 놘 苦 苦						
李	李	李	李					
오얏 리(이)		一 十 木 本 李 李						

道不拾遺 도불습유 출전: 공자가어, 사기

'길에 떨어진 물건을 주워 가지지 않는다'는 뜻으로, 형벌이 준엄하여 백성이 법을 범하지 아니하거나 민심이 순후함을 비유하여 이르는 말.

道	道	道	道						
길 도		丷 丷 首 首 道 道							
不	不	不	不						
아닐 불		一 ア 不 不							
拾	拾	拾	拾						
주울 습		一 十 扌 扒 扒 拾							
遺	遺	遺	遺						
남길 유		丷 丷 首 首 道 道							

桃園結義 도원결의 출전: 한서

의형제를 맺음을 이르는 말. 『삼국지연의』에 나오는 말로 유비, 관우, 장비가 도원에서 의형제를 맺은 데에서 유래한다.

桃	桃	桃	桃						
복숭아 도		十 十 朴 材 机 桃							
園	園	園	園						
동산 원		門 周 周 園 園 園							
結	結	結	結						
맺을 결		幺 幺 糸 糽 紅 結							
義	義	義	義						
옳을 의		羊 羊 羍 義 義 義							

塗炭之苦 도탄지고 출전: 서경 중훼지고편
진구렁에 빠지고 숯불에 타는 괴로움을 이르는 말.

塗	塗	塗	塗					
칠할 도		氵汁沦涂涂塗						
炭	炭	炭	炭					
숯 탄		山屵屵炭炭炭						
之	之	之	之					
갈 지		丶亠ラ之						
苦	苦	苦	苦					
쓸 고		艹艹苦苦苦苦						

同心同德 동심동덕 출전: 서경 태서편
같은 목표를 위해 일치단결된 마음.

同	同	同	同					
한가지 동		丨冂冂同同同						
心	心	心	心					
마음 심		丶心心心						
同	同	同	同					
한가지 동		丨冂冂同同同						
德	德	德	德					
클 덕		彳彳彳德德德						

得意揚揚 득의양양 출전: 사기 평원군우경열전
바라던 일이 이루어져서 우쭐거리며 뽐냄.

得	得	得	得						
얻을 득	彳 彳日 彳日 得 得								
意	意	意	意						
뜻 의	亠 产 音 音 意 意								
揚	揚	揚	揚						
날릴 양	扌 扣 押 捍 捐 揚								
揚	揚	揚	揚						
날릴 양	扌 扣 押 捍 捐 揚								

亡國之音 망국지음 출전: 한비자 십과편
'나라를 망하게 할 음악'이란 뜻으로, 저속하고 잡스러운 음악을 이르는 말.

亡	亡	亡	亡						
망할 망	丶 亠 亡								
國	國	國	國						
나라 국	冂 冋 囗 國 國 國								
之	之	之	之						
갈 지	丶 亠 之 之								
音	音	音	音						
소리 음	丶 亠 立 产 音 音								

望梅解渴 망매해갈 출전: 세설

'매실은 보기만 하여도 침이 돌아 목마름이 해소된다'는 뜻으로, 공상으로 마음의 위안을 얻음을 비유적으로 이르는 말.

望	望	望	望				
바랄 망	亠 切 玥 玥 望 望						
梅	梅	梅	梅				
매화 매	木 木 材 梅 梅 梅						
解	解	解	解				
풀 해	角 角 角 角 解 解						
渴	渴	渴	渴				
목마를 갈	氵 沪 沪 渇 渇 渴						

亡羊補牢 망양보뢰 출전: 전국책

'양을 잃고 우리를 고친다'는 뜻으로, 이미 어떤 일을 실패한 뒤에 뉘우쳐도 아무 소용이 없음을 이르는 말.

亡	亡	亡	亡				
망할 망	丶 亠 亡						
羊	羊	羊	羊				
양 양	丶 丷 艹 兰 羊						
補	補	補	補				
기울 보	衤 衤 衤 袝 補 補						
牢	牢	牢	牢				
우리 뢰(뇌)	宀 宀 宀 宀 宇 牢						

望雲之情 망운지정 출전: 당서
자식이 객지에서 고향에 계신 어버이를 생각하는 마음.

望	望	望	望					
바랄 망		亠 切 朝 朝 望 望						
雲	雲	雲	雲					
구름 운		宀 帀 雩 雲 雲 雲						
之	之	之	之					
갈 지		丶 一 ラ 之						
情	情	情	情					
뜻 정		忄 忄 忤 情 情 情						

妄自尊大 망자존대 출전: 후한서
망령되이 자기만 잘났다고 뽐내며 남을 업신여김.

妄	妄	妄	妄					
망령될 망		丶 亠 亡 妄 妄						
自	自	自	自					
스스로 자		丿 冂 冂 自 自 自						
尊	尊	尊	尊					
높을 존		丷 酋 酋 酋 尊 尊						
大	大	大	大					
클 대		一 ナ 大						

麥秀之嘆 맥수지탄 **출전:** 사기 송미자세가

고국의 멸망을 한탄함을 이르는 말. 기자가 은나라가 망한 뒤에도 보리만은 잘 자라는 것을 보고 한탄하였다는 데서 유래한다.

麥	麥	麥	麥						
보리 맥		ㄇ 巾 夾 夾 麥 麥							
秀	秀	秀	秀						
빼어날 수		一 二 千 禾 禿 秀							
之	之	之	之						
갈 지		丶 二 ㇇ 之							
嘆	嘆	嘆	嘆						
탄식할 탄		吕 莒 芑 茣 嘆 嘆							

孟母三遷 맹모삼천 **출전:** 열녀전

맹자의 어머니가 맹자를 잘 가르치기 위하여 세 번 이사한 일

孟	孟	孟	孟						
맏 맹		子 子 舌 舌 盂 孟							
母	母	母	母						
어머니 모		乚 ㄅ 母 母 母							
三	三	三	三						
석 삼		一 二 三							
遷	遷	遷	遷						
옮길 천		西 覀 襾 䙴 㐮 遷							

面壁九年 면벽구년 출전: 전등록
달마가 중국 쑹산산의 소림사에서 9년 동안 벽을 보고 좌선하여 도를 깨달은 일을 이르는 말.

面	面	面	面				
낯 면	一 厂 丙 而 面 面						
壁	壁	壁	壁				
벽 벽	尸 曰 辟 辟 壁 壁						
九	九	九	九				
아홉 구	ノ 九						
年	年	年	年				
해 년(연)	ノ ᅩ ᅡ 二 年						

明鏡高懸 명경고현 출전: 서경잡기
'밝은 거울이 높이 걸려 있다'는 뜻으로, 사리에 밝거나 판결이 공정함을 일컫는 말.

明	明	明	明				
밝을 명	丨 冂 日 町 明 明						
鏡	鏡	鏡	鏡				
거울 경	上 午 金 鈩 錇 鏡						
高	高	高	高				
높을 고	丶 亠 古 亯 高 高						
懸	懸	懸	懸				
달 현	县 県 県 縣 縣 懸						

明鏡止水 명경지수 출전: 장자 덕충부편
맑은 거울과 고요한 물. 잡념과 가식과 헛된 욕심 없이 맑고 깨끗한 마음.

明	明	明	明				
밝을 명		丨 冂 日 旫 明 明					
鏡	鏡	鏡	鏡				
거울 경		亠 𠂉 金 鋅 鎝 鏡					
止	止	止	止				
그칠 지		丨 ㅏ ㅑ 止					
水	水	水	水				
물 수		丿 ㇉ 水 水					

明哲保身 명철보신 출전: 시경 대아편
총명하고 사리에 밝아 일을 잘 처리하여 자기 몸을 보존함.

明	明	明	明				
밝을 명		丨 冂 日 旫 明 明					
哲	哲	哲	哲				
밝을 철		扌 扩 扩 折 哲 哲					
保	保	保	保				
지킬 보		亻 亻 伊 伊 伊 保					
身	身	身	身				
몸 신		丿 亻 竹 𣎴 身 身					

毛遂自薦 모수자천 출전: 시경 사기 평원군전

자기가 자기를 추천하는 것을 이르는 말.

毛	毛	毛	毛					
터럭 모	ノ 二 三 毛							
遂	遂	遂	遂					
드디어 수	丷 丷 兯 兯 豕 豙 遂							
自	自	自	自					
스스로 자	′ 丨 冂 自 自 自							
薦	薦	薦	薦					
천거할 천	艹 艹 茾 芦 薦 薦							

目不識丁 목불식정 출전: 구당서

'아주 간단한 글자인 '丁' 자를 보고도 그것이 '고무래'인 줄을 알지 못한다'는 뜻으로, 아주 까막눈임을 이르는 말.

目	目	目	目					
눈 목	丨 冂 月 月 目							
不	不	不	不					
아닐 불	一 ア 不 不							
識	識	識	識					
알 식	言 評 諳 識 識 識							
丁	丁	丁	丁					
넷째 천간 정	一 丁							

武陵桃源 무릉도원 출전: 도연명의 도화원기
명사 도연명의 <도화원기>에 나오는 말로, '이상향', '별천지'를 비유적으로 이르는 말.

武	武	武	武				
호반 무	二 丁 千 正 武 武						
陵	陵	陵	陵				
언덕 릉(능)	ㄱ 阝 阫 陊 陵 陵						
桃	桃	桃	桃				
복숭아 도	十 才 村 材 桃 桃						
源	源	源	源				
근원 원	沪 浐 泀 沨 源 源						

刎頸之交 문경지교 출전: 사기 염파인상여전
'서로를 위해서라면 목이 잘린다 해도 후회하지 않을 정도의 사이'라는 뜻으로, 생사를 같이할 수 있는 아주 가까운 사이, 또는 그런 친구를 이르는 말.

刎	刎	刎	刎				
목 벨 문	ノ 勹 勺 勿 刎						
頸	頸	頸	頸				
목 경	一 巠 巠 巠 頸 頸						
之	之	之	之				
갈 지	丶 亠 ㇏ 之						
交	交	交	交				
사귈 교	丶 亠 宀 六 交 交						

門前雀羅 문전작라 출전: 한서 주박전

'문 밖에 새 그물을 쳐놓을 만큼 손님들의 발길이 끊어짐'을 뜻하는 말로, 권세가 약해지면 방문객들이 끊어진다는 뜻.

門	門	門	門				
문 문	丨 冂 冂 門 門 門						
前	前	前	前				
앞 전	丷 䒑 丷 肀 前 前						
雀	雀	雀	雀				
참새 작	丿 少 少 爫 雀 雀						
羅	羅	羅	羅				
그물 라(나)	罒 罗 罗 罗 罗 羅						

物腐蟲生 물부충생 출전: 순자 권학편

'생물이 썩은 뒤에야 벌레가 생긴다'는 뜻으로, 남을 의심한 뒤에 그를 두고 하는 비방이나 소문을 듣고 믿게 됨. 내부에 약점이 생기면 곧 외부의 침입이 있게 됨을 이르는 말.

物	物	物	物				
물건 물	丿 牛 牜 牞 物 物						
腐	腐	腐	腐				
썩을 부	广 庐 府 府 腐 腐						
蟲	蟲	蟲	蟲				
벌레 충	口 中 虫 虫 蟲 蟲						
生	生	生	生				
날 생	丿 ⺁ 牛 生 生						

未能免俗 미능면속 출전: 세설신어 임탄

'아직도 속된 습관을 버리지 못하였다'는 뜻으로, 한번 물든 속물근성은 버리기 어렵다는 말.

未							
아닐 미	一 二 十 才 未						
能							
능할 능	厶 台 育 育 能 能						
免							
면할 면	丨 ㄇ 召 皀 免 免						
俗							
풍속 속	丿 亻 亻 伀 俗 俗						

米珠薪桂 미주신계 출전: 전국책 위책

'쌀은 구슬 보다 비싸고, 땔감은 계수나무보다 비싸다'는 뜻으로, 물가가 치솟아 생활하기 어렵다는 것을 이르는 말.

米							
쌀 미	丶 丷 丷 半 米 米						
珠							
구슬 주	王 王 王 珒 珠 珠						
薪							
섶 신	艹 艹 莁 薪 薪 薪						
桂							
계수나무 계	一 十 才 木 村 桂						

薄氷如履 박빙여리 출전: 시경 소민편
엷은 얼음을 밟듯이 세상의 처세에 조심함.

薄	薄	薄	薄						
엷을 박		冫苗蒲蒲薄薄							
氷	氷	氷	氷						
엷을 박		丨 冫 冫 氷 氷							
如	如	如	如						
같을 여		く 夕 女 如 如 如							
履	履	履	履						
밟을 리(이)		尸 尸 屖 屦 屦 履							

反面教師 반면교사 출전: 논어
사람이나 사물 따위의 부정적인 면에서 얻는 깨달음이나 가르침을 주는 대상을 이르는 말.

反	反	反	反						
돌이킬 반		一 厂 万 反							
面	面	面	面						
낯 면		一 厂 丙 而 面 面							
教	教	教	教						
가르칠 교		ㄨ 孝 孝 孝 孝 教							
師	師	師	師						
스승 사		卩 𠂤 𠂤 𠂤 師 師							

半部論語 반부논어 출전: 나대경의 학림옥로

'반 권의 논어'라는 뜻으로, 학습의 중요함을 이르는 말. 또는 자신의 지식을 겸손하게 이르는 말.

半	半	半	半					
반 반		′ ″ ㇜ 兰 半						
部	部	部	部					
거느릴 부		㇇ ㇋ 立 咅 咅3 部						
論	論	論	論					
논할 론(논)		言 訡 訡 論 論 論						
語	語	語	語					
말씀 어		㇇ 言 訂 語 語 語						

拔山蓋世 발산개세 출전: 사기 항우본기

힘은 산을 뽑을 만큼 매우 세고 기개는 세상을 덮을 만큼 웅대함을 이르는 말.

拔	拔	拔	拔					
뽑을 발		扌 扌 扩 抙 拔 拔						
山	山	山	山					
메 산		㇑ 凵 山						
蓋	蓋	蓋	蓋					
덮을 개		艹 芏 荖 莕 蓋 蓋						
世	世	世	世					
인간 세		一 十 卅 丗 世						

杯盤狼藉 배반낭자 출전: 사기 골계열전

'술잔과 접시가 마치 이리에게 깔렸던 풀처럼 어지럽게 흩어져 있다'는 뜻으로, 술을 마시고 한창 노는 모양.

杯	杯	杯	杯				
잔 배	一 十 才 杧 杯 杯						
盤	盤	盤	盤				
소반 반	丿 丹 舟 舣 般 盤						
狼	狼	狼	狼				
이리 랑(낭)	丨 犭 犭 犭 狎 狼 狼						
藉	藉	藉	藉				
깔개 자	艹 ⺮ 苲 莽 蕼 藉						

百折不屈 백절불굴 출전: 후한서

'백 번 꺾여도 굴하지 않는다'는 뜻으로, 어떠한 난관에도 결코 굽히지 않음.

百	百	百	百				
일백 백	一 ァ ア 丙 百 百						
折	折	折	折				
꺾을 절	一 十 扌 扩 折 折						
不	不	不	不				
아닐 불	一 ア 不 不						
屈	屈	屈	屈				
굽힐 굴	尸 尺 屈 屈 屈 屈						

別無長物 별무장물　출전: 진서 왕공전
필요한 것 이외에는 갖지 않음. 검소한 생활.

別	別	別	別						
나눌 별		丨 口 马 別 別 別							
無	無	無	無						
없을 무		丿 ᅩ 二 無 無 無							
長	長	長	長						
길 장		丨 厂 토 탄 長 長							
物	物	物	物						
물건 물		丿 牛 牛 牣 物 物							

本末顚倒 본말전도　출전: 대학
일이 처음과 나중이 뒤바뀜.

本	本	本	本						
근본 본		一 十 才 木 本							
末	末	末	末						
끝 말		一 二 丰 才 末							
顚	顚	顚	顚						
정수리 전		ᅩ 自 眞 眞 顚 顚							
倒	倒	倒	倒						
넘어질 도		亻 仁 佢 佢 倒 倒							

負重致遠 부중치원 출전: 삼국지 촉서
'무거운 물건운 지고 먼 곳까지 간다'는 뜻으로, 중요한 직책을 맡음을 이르는 말.

負	負	負	負					
질 부	′ ″ ⺈ 亇 宇 負							

重	重	重	重					
무거울 중	一 宀 亠 亘 重 重							

致	致	致	致					
이를 치	一 工 平 至 致 致							

遠	遠	遠	遠					
멀 원	十 土 吉 幸 袁 遠							

附和雷同 부화뇌동 출전: 예기 곡례편
'우레 소리에 맞춰 함께한다'는 뜻으로, 줏대 없이 남의 의견에 따라 움직임.

附	附	附	附					
붙을 부	⻖ ⻖ 阡 附 附 附							

和	和	和	和					
화할 화	′ 二 千 禾 和 和							

雷	雷	雷	雷					
우레 뢰(뇌)	一 帀 雨 雨 雪 雷							

同	同	同	同					
한가지 동	丨 冂 冂 同 同 同							

粉骨碎身 분골쇄신 출전: 당나라 장방의 곽소옥전

'뼈를 가루로 만들고 몸을 부순다'는 뜻으로, 정성으로 노력함을 이르는 말. 또는 그렇게 하여 뼈가 가루가 되고 몸이 부서짐.

粉	粉	粉	粉				
가루 분	〃 半 米 籵 粉 粉						
骨	骨	骨	骨				
뼈 골	冂 冂 咼 骨 骨 骨						
碎	碎	碎	碎				
부술 쇄	丆 石 矿 矿 碎 碎						
身	身	身	身				
몸 신	′ 丨 冂 月 身 身						

不可救藥 불가구약 출전: 시경

'치료약을 구할 수 없다'는 뜻으로, 일이 만회할 수 없을 처지에 이른 것을 이르는 말.

不	不	不	不				
아닐 불	一 丆 才 不						
可	可	可	可				
옳을 가	一 丆 冂 口 可						
救	救	救	救				
구원할 구	扌 求 求 求 救 救						
藥	藥	藥	藥				
약 약	艹 苩 蕋 藥 藥 藥						

不撓不屈 불요불굴 출전: 맹자
'휘지도 않고 굽히지도 않는다'는 뜻으로, 한번 먹은 마음이 흔들리거나 굽힘이 없음.

不	不	不	不					
아닐 불		一 フ 才 不						
撓	撓	撓	撓					
어지러울 뇨(요)		扌 扩 扩 护 挭 撓						
不	不	不	不					
아닐 불		一 フ 才 不						
屈	屈	屈	屈					
굽힐 굴		尸 尺 屈 屈 屈 屈						

不恥下問 불치하문 출전: 논어 공야장
손아랫사람이나 지위나 학식이 자기만 못한 사람에게 모르는 것을 묻는 일을 부끄러워하지 아니함.

不	不	不	不					
아닐 불		一 フ 才 不						
恥	恥	恥	恥					
부끄러울 치		一 丆 F 王 耳 恥						
下	下	下	下					
아래 하		一 丁 下						
問	問	問	問					
물을 문		冂 門 門 門 問 問						

不寒而慄 불한이율 출전: 사기 급정열전
'춥지 아니한데 공포에 떨린다'는 뜻으로, 포악한 정치로 백성들이 두려워하는 것을 이르는 말.

不	不	不	不				
아닐 불	一ブ不不						
寒	寒	寒	寒				
찰 한	宀宀宲寒寒寒						
而	而	而	而				
말 이을 이	一ブ广丙而而						
慄	慄	慄	慄				
떨릴 률(율)	ㆍ忄忄愕愕慄						

牝鷄司晨 빈계사신 출전: 서경 목서편
'암탉이 새벽을 알리느라고 먼저 운다'는 뜻으로, 부인이 남편을 젖혀 놓고 집안일을 마음대로 처리함을 이르는 말.

牝	牝	牝	牝				
암컷 빈	ノ̷ 牜牜牝						
鷄	鷄	鷄	鷄				
닭 계	爫奚奚鷄鷄鷄						
司	司	司	司				
맡을 사	丁丂司司司						
晨	晨	晨	晨				
새벽 신	日尸辰晨晨						

四面楚歌 사면초가 출전: 사기 항우본기
아무에게도 도움을 받지 못하는, 외롭고 곤란한 지경에 빠진 형편을 이르는 말.

四	四	四	四						
넉 사	丶 冂 叼 四 四								
面	面	面	面						
낯 면	一 丆 丙 而 面 面								
楚	楚	楚	楚						
초나라 초	十 木 林 楚 楚 楚								
歌	歌	歌	歌						
노래 가	可 叿 哥 訶 哥 歌								

徙木之信 사목지신 출전: 사기
나라를 다스리는 사람은 백성을 속이지 않는다는 데서, 백성에 대한 신임을 밝히는 일을 이르는 말.

徙	徙	徙	徙						
옮길 사	彳 彳 彳 彳 徙 徙								
木	木	木	木						
나무 목	一 十 才 木								
之	之	之	之						
갈 지	丶 一 う 之								
信	信	信	信						
믿을 신	丿 亻 亻 信 信 信								

四分五裂 사분오열 출전: 전국책
어떤 사물이나 견해 따위가 여러 갈래로 갈라지거나 흩어짐.

四	四	四	四						
넉 사		丨 冂 冋 四 四							
分	分	分	分						
나눌 분		ノ 八 今 分							
五	五	五	五						
다섯 오		一 丁 五 五							
裂	裂	裂	裂						
찢을 렬(열)		歹 歹 列 裂 裂 裂							

駟不及舌 사불급설 출전: 논어 안연편
'아무리 빠른 사마라도 혀를 놀려서 하는 말을 따르지 못한다'는 뜻으로, 소문은 순식간에 퍼지는 것이므로 말을 조심하여야 함을 이르는 말.

駟	駟	駟	駟						
사마 사		厂 馬 馬 馬 駟 駟							
不	不	不	不						
아닐 불		一 丆 不 不							
及	及	及	及						
미칠 급		ノ 丿 乃 及							
舌	舌	舌	舌						
혀 설		一 二 千 千 舌 舌							

四通五達 사통오달 출전: 한서 지리지

'이리저리 여러 곳으로 길이 통(通)한다'는 뜻으로, 길이나 교통망, 통신망 등이 사방으로 막힘없이 통함.

四	四	四	四				
넉 사	丨 冂 𠃌 四 四						
通	通	通	通				
통할 통	𠃌 甬 甬 涌 涌 通						
五	五	五	五				
다섯 오	一 丁 五 五						
達	達	達	達				
통달할 달	土 幸 幸 幸 幸 達						

三人成虎 삼인성호 출전: 전국책

'세 사람이 짜면 거리에 범이 나왔다는 거짓말도 꾸밀 수 있다'는 뜻으로, 근거 없는 말이라도 여러 사람이 말하면 곧이듣게 됨을 이르는 말.

三	三	三	三				
석 삼	一 二 三						
人	人	人	人				
사람 인	丿 人						
成	成	成	成				
이룰 성	厂 厂 戊 成 成 成						
虎	虎	虎	虎				
범 호	丨 ⺊ 卢 广 虍 虎						

喪家之狗 상가지구 출전: 사기

'초상집의 개'라는 뜻으로, 별 대접을 받지 못하는 사람을 이르는 말.

喪	喪	喪	喪						
잃을 상	一 ㅗ ㅛ 严 喪 喪								
家	家	家	家						
집 가	宀 宀 宁 宇 家 家								
之	之	之	之						
갈 지	丶 一 ㇠ 之								
狗	狗	狗	狗						
개 구	犭 犭 狗 狗 狗 狗								

桑田碧海 상전벽해 출전: 갈홍의 신선전

'뽕나무밭이 변하여 푸른 바다가 된다'는 뜻으로, 세상일의 변천이 심함을 비유적으로 이르는 말.

桑	桑	桑	桑						
뽕나무 상	又 叒 叒 叒 桒 桑								
田	田	田	田						
밭 전	丨 冂 冊 田 田								
碧	碧	碧	碧						
푸를 벽	一 王 珀 珀 碧 碧								
海	海	海	海						
바다 해	氵 汃 汋 海 海 海								

西施矉目 서시빈목 출전: 장자 천운편
무조건 남의 흉내를 내어 웃음거리가 됨을 비유적으로 이르는 말.

西	西	西	西					
서녘 서		一 丆 丂 西 西 西						
施	施	施	施					
베풀 시		亠 方 方 斿 施 施						
矉	矉	矉	矉					
찡그릴 빈		丨 目 旷 睁 矉 矉						
目	目	目	目					
눈 목		丨 冂 冃 月 目						

雪上加霜 설상가상 출전: 전등록
'눈 위에 서리가 덮인다'는 뜻으로, 난처한 일이나 불행한 일이 잇따라 일어남을 이르는 말.

雪	雪	雪	雪					
눈 설		一 帀 雨 雪 雪 雪						
上	上	上	上					
윗 상		丨 卜 上						
加	加	加	加					
더할 가		丁 力 加 加 加						
霜	霜	霜	霜					
서리 상		一 帀 雨 霜 霜						

聲東擊西 성동격서 출전: 통전

'동쪽에서 소리를 내고 서쪽에서 적을 친다'는 뜻으로, 적을 유인하여 이쪽을 공격하는 체하다가 그 반대쪽을 치는 전술을 이르는 말.

聲	聲	聲	聲				
소리 성	声 严 殷 殼 殸 聲						
東	東	東	東				
동녘 동	一 一 一 一 一 一 一						
擊	擊	擊	擊				
칠 격	一 一 一 一 一 一 一						
西	西	西	西				
서녘 서	一 一 一 一 一 一 一						

城下之盟 성하지맹 출전: 춘추좌씨전

'성 밑까지 쳐들어온 적군과 맺는 맹약'이라는 뜻으로, 항복한 나라가 적국과 맺는 굴욕적인 맹약을 이르는 말.

城	城	城	城				
재 성	土 圹 圹 城 城 城						
下	下	下	下				
아래 하	一 丁 下						
之	之	之	之				
갈 지	丶 一 一 之						
盟	盟	盟	盟				
맹세 맹	明 明 明 明 盟 盟						

小貪大失 소탐대실 출전: 북제유주의 신론
작은 것을 탐하다가 큰 것을 잃음.

小	小	小	小				
작을 소		亅 小 小					
貪	貪	貪	貪				
탐낼 탐		人 仒 仒 佘 佘 貪					
大	大	大	大				
클 대		一 ナ 大					
失	失	失	失				
잃을 실		ノ ㇑ ㇉ 失 失					

送舊迎新 송구영신 출전: 한서
묵은해를 보내고 새해를 맞음.

送	送	送	送				
보낼 송		人 亼 关 关 送 送					
舊	舊	舊	舊				
예 구		艹 萨 萑 萑 舊 舊					
迎	迎	迎	迎				
맞을 영		㇉ 卬 卬 卬 迎 迎					
新	新	新	新				
새 신		立 亲 亲 新 新 新					

首丘初心 수구초심 출전: 예기 단궁상편

'여우가 죽을 때에 머리를 자기가 살던 굴 쪽으로 둔다'는 뜻으로, 고향을 그리워하는 마음을 이르는 말.

首	首	首	首				
머리 수	丶丷乴兯首						
丘	丘	丘	丘				
언덕 구	丿亻斤丘邱邱						
初	初	初	初				
처음 초	丶ネネ初初						
心	心	心	心				
마음 심	丶心心心						

手不釋卷 수불석권 출전: 오지

'손에서 책을 놓지 않는다'는 뜻으로, 손에서 책을 놓지 아니하고 늘 글을 읽음.

手	手	手	手				
손 수	一二三手						
不	不	不	不				
아닐 불	一フ才不						
釋	釋	釋	釋				
풀 석	釆釋釋釋釋釋						
卷	卷	卷	卷				
책 권	丶丷ᅭ半券卷						

壽則多辱 수즉다욕 출전: 장자 천지편
오래 살수록 그만큼 욕됨이 많음을 이르는 말.

壽	壽	壽	壽					
목숨 수	士 吉 圭 壽 壽 壽							
則	則	則	則					
곧 즉	丨 冂 目 貝 則 則							
多	多	多	多					
많을 다	ノ ク タ 夕 多 多							
辱	辱	辱	辱					
욕될 욕	厂 戶 戶 辰 辱 辱							

時不可失 시불가실 출전: 전국책
'때는 한번 가면 다시 돌아오지 않는다'는 뜻으로, 때를 놓쳐서는 안 됨을 이르는 말.

時	時	時	時					
때 시	日 旷 旷 旷 時 時							
不	不	不	不					
아닐 불	一 ア 不 不							
可	可	可	可					
옳을 가	一 丆 可 可 可							
失	失	失	失					
잃을 실	ノ 匕 느 失 失							

身言書判 신언서판 출전: 당서
예전에, 인물을 골랐던 네 가지 조건을 이르는 말.

身	身	身	身				
몸 신	′ ⺈ ⺈ 自 身 身						
言	言	言	言				
말씀 언	﹨ ﹅ 亠 言 言 言						
書	書	書	書				
글 서	㇆ 聿 書 書 書 書						
判	判	判	判				
판단할 판	′ ⺈ ⺈ 半 判 判						

實事求是 실사구시 출전: 한서
사실에 바탕을 두어 진리를 탐구함.

實	實	實	實				
열매 실	宀 宀 宀 實 實 實						
事	事	事	事				
일 사	一 ㄇ ㄇ 写 写 事						
求	求	求	求				
구할 구	一 丁 寸 才 求 求						
是	是	是	是				
이 시	日 旦 旱 昇 昇 是						

暗中摸索 암중모색 출전: 수당가화
'어둠 속에서 물건을 더듬어 찾는다'는 뜻으로, 확실한 방법을 모르는 채 일의 실마리를 찾아내려 함.

暗	暗	暗	暗				
어두울 암	日 旷 旷 晬 暗 暗						
中	中	中	中				
가운데 중	丨 口 口 中						
摸	摸	摸	摸				
본뜰 모	扌 扌 扩 措 措 摸						
索	索	索	索				
찾을 색	一 十 六 岁 牢 索						

梁上君子 양상군자 출전: 후한서 진식전
'들보 위의 군자'라는 뜻으로, 도둑을 완곡하게 이르는 말.

梁	梁	梁	梁				
들보 량(양)	氵 汈 汌 渁 渁 梁						
上	上	上	上				
윗 상	丨 卜 上						
君	君	君	君				
임금 군	一 フ ヨ 尹 君 君						
子	子	子	子				
아들 자	フ 了 子						

弱肉強食 약육강식 출전: 한유

'약한 자가 강한 자에게 먹힌다'는 뜻으로, 강한 자가 약한 자를 희생시켜서 번영하거나, 약한 자가 강한 자에게 끝내는 멸망됨을 이르는 말.

弱	弱	弱	弱					
약할 약	弓 弓 弱 弱 弱							
肉	肉	肉	肉					
고기 육	丨 冂 內 內 肉 肉							
強	強	強	強					
강할 강	弓 弘 弦 強 強 強							
食	食	食	食					
밥 식	人 𠆢 今 今 食 食							

良藥苦口 양약고구 출전: 공자가어 육본편, 설원 정간편

'좋은 약은 입에 쓰다'는 뜻으로, 충언은 귀에 거슬리나 자신에게 이로움을 이르는 말.

良	良	良	良					
어질 량(양)	丶 ⺈ ⺕ 白 良 良							
藥	藥	藥	藥					
약 약	艹 苎 茲 華 藥 藥							
苦	苦	苦	苦					
쓸 고	一 艹 𠂉 芏 苦 苦							
口	口	口	口					
입 구	丨 冂 口							

量體裁衣 양체재의 출전: 남제서 장융전

'몸에 맞게 옷을 고친다'는 뜻으로, 일의 처한 형편에 따라 적합하게 일을 처리하여야 함을 이르는 말.

量	量	量	量					
헤아릴 량(양)		日 旦 昌 昌 量 量						
體	體	體	體					
몸 체		骨 骨 體 體 體 體						
裁	裁	裁	裁					
마를 재		亠 丰 青 栽 裁 裁						
衣	衣	衣	衣					
옷 의		丶 亠 宀 宁 衣 衣						

掩耳盜鈴 엄이도령 출전: 여씨춘추 불구론 자지편

'귀를 막고 방울을 훔친다'는 뜻으로, 모든 사람이 그 잘못을 다 알고 있는데 얕은꾀를 써서 남을 속이려 함을 이르는 말.

掩	掩	掩	掩					
가릴 엄		扌 扌 扩 扞 掩 掩						
耳	耳	耳	耳					
귀 이		一 丆 丆 F 王 耳						
盜	盜	盜	盜					
도둑 도		氵 冫 次 浴 盜 盜						
鈴	鈴	鈴	鈴					
방울 령(영)		人 𠂉 𠂉 金 鈐 鈴						

餘桃啗君 여도담군 출전: 한비자

'먹다 남은 복숭아를 임금에게 먹게 했다'는 뜻으로, 똑같은 행위라도 받아들이는 사람의 애증에 따라 다르게 받아들임을 비유적으로 이르는 말.

餘	餘	餘	餘					
남을 여	ノ 今 食 飠 飵 餘							
桃	桃	桃	桃					
복숭아 도	十 木 材 杙 机 桃							
啗	啗	啗	啗					
먹일 담	口 叭 吖 咜 啗							
君	君	君	君					
임금 군	一 ㄱ ㅋ 尹 君 君							

與世推移 여세추이 출전: 한비자

세상이 변하는 대로 따라 변함.

與	與	與	與					
더불 여	ㄈ 帀 甪 車 興 與							
世	世	世	世					
인간 세	一 十 卅 世 世							
推	推	推	推					
밀 추	十 扌 扌 圹 折 推							
移	移	移	移					
옮길 이	ノ 二 千 禾 秒 移							

緣木求魚 연목구어 출전: 맹자 양혜왕장구상편

'나무에 올라가서 물고기를 구한다'는 뜻으로, 도저히 불가능한 일을 굳이 하려 함을 비유적으로 이르는 말.

緣	緣	緣	緣				
인연 연	糹 糹 糹 絆 絲 緣						
木	木	木	木				
나무 목	一 十 才 木						
求	求	求	求				
구할 구	一 十 寸 才 求 求						
魚	魚	魚	魚				
물고기 어	′ ⺈ 各 ⻂ 角 魚						

曳尾塗中 예미도중 출전: 장자 추수편

'꼬리를 진흙 속에 묻고 끈다'는 뜻으로, 벼슬을 함으로써 속박되기보다는 가난하더라도 집에서 편안히 사는 편이 나음을 비유해 이르는 말.

曳	曳	曳	曳				
끌 예	丶 冂 曰 日 电 曳						
尾	尾	尾	尾				
꼬리 미	一 コ 尸 尸 尾 尾						
塗	塗	塗	塗				
칠할 도	氵 汄 汵 涂 涂 塗						
中	中	中	中				
가운데 중	丶 冂 口 中						

五里霧中 오리무중 출전: 후한서 장해전

'오 리나 되는 짙은 안개 속에 있다'는 뜻으로, 무슨 일에 대하여 방향이나 갈피를 잡을 수 없음을 이르는 말.

五	五	五	五				
다섯 오	一 丁 五 五						
里	里	里	里				
마을 리(이)	丶 口 日 甲 甲 里						
霧	霧	霧	霧				
안개 무	雨 雨 雨 雰 霧 霧						
中	中	中	中				
가운데 중	丶 口 口 中						

烏飛梨落 오비이락 출전: 순오지

'까마귀 날자 배 떨어진다'는 뜻으로, 아무 관계도 없이 한 일이 공교롭게도 때가 같아 억울하게 의심을 받거나 난처한 위치에 서게 됨을 이르는 말.

烏	烏	烏	烏				
까마귀 오	亻 亻 乃 自 烏 烏						
飛	飛	飛	飛				
날 비	飞 飞 飞 飛 飛						
梨	梨	梨	梨				
배나무 리(이)	二 千 禾 利 梨 梨						
落	落	落	落				
떨어질 락(낙)	艹 艹 艹 莎 茨 落						

吳越同舟 오월동주 　출전: 손자 구지편
서로 적의를 품은 사람들이 한자리에 있게 된 경우나 서로 협력하여야 하는 상황을 비유적으로 이르는 말.

吳	吳	吳	吳					
나라 이름 오	ノ ロ ロ 므 므 吳 吳							
越	越	越	越					
넘을 월	走 走 走 越 越 越							
同	同	同	同					
한가지 동	丨 冂 冂 同 同 同							
舟	舟	舟	舟					
배 주	′ ノ 力 月 月 舟							

烏合之衆 오합지중 　출전: 후한서
'까마귀가 모인 것처럼 질서가 없이 모인 병졸'이라는 뜻으로, 임시로 모여들어서 규율이 없고 무질서한 병졸 또는 군중을 이르는 말.

烏	烏	烏	烏					
까마귀 오	′ ′ ′ ′ 烏 烏							
合	合	合	合					
합할 합	ノ 人 亼 今 合 合							
之	之	之	之					
갈 지	丶 亠 ラ 之							
衆	衆	衆	衆					
무리 중	宀 血 血 眾 衆 衆							

溫故知新 온고지신 출전: 논어 위정편
옛것을 익히고 그것을 미루어서 새것을 앎.

溫	溫	溫	溫					
따뜻할 온	氵 氵冖 氵冂 氵囚 氵昷 溫							
故	故	故	故					
연고 고	十 古 古 古 故 故							
知	知	知	知					
알 지	〝 ㄴ 矢 知 知 知							
新	新	新	新					
새 신	亠 亲 亲 新 新 新							

臥薪嘗膽 와신상담 출전: 사기 월왕구가세가
'불편한 섶에 몸을 눕히고 쓸개를 맛본다'는 뜻으로, 원수를 갚거나 마음먹은 일을 이루기 위하여 온갖 어려움과 괴로움을 참고 견딤을 비유적으로 이르는 말.

臥	臥	臥	臥					
누울 와	丆 丞 丞 臣 臥 臥							
薪	薪	薪	薪					
섶 신	艹 艹 萉 薪 薪							
嘗	嘗	嘗	嘗					
맛볼 상	丷 尚 尚 當 嘗 嘗							
膽	膽	膽	膽					
쓸개 담	月 腴 胪 膽 膽							

遼東之豕 요동지시 출전: 후한서
'요동의 돼지'라는 뜻으로, 견문이 얕고 좁은 사람을 비유하는 말이다.

遼	遼	遼	遼					
멀 료(요)	一 大 夯 尞 潦 遼							

東	東	東	東					
동녘 동	一 丆 闩 車 東 東							

之	之	之	之					
갈 지	` 亠 ⱂ 之							

豕	豕	豕	豕					
돼지 시	一 ⼹ 丁 豕 豕 豕							

要領不得 요령부득 출전: 사기
말이나 글 따위의 요령을 잡을 수가 없음.

要	要	要	要					
요긴할 요	一 丆 兩 西 要 要							

領	領	領	領					
옷깃 령(영)	⼂ ⼂ 𠂉 𫝀 領 領							

不	不	不	不					
아닐 불	一 丆 不 不							

得	得	得	得					
얻을 득	彳 ⼻ 得 得 得 得							

欲速不達 욕속부달 출전: 논어 자로편
일을 빨리하려고 하면 도리어 이루지 못함.

欲	欲	欲	欲						
하고자 할 욕	𠂉 谷 谷 欲 欲 欲								
速	速	速	速						
빠를 속	一 ㅁ 申 束 涑 速								
不	不	不	不						
아닐 불	一 ㄱ 子 不								
達	達	達	達						
통달할 달	土 ㅗ 去 查 幸 達								

龍頭蛇尾 용두사미 출전: 전등록
'용의 머리와 뱀의 꼬리'라는 뜻으로, 처음은 왕성하나 끝이 부진한 현상을 이르는 말.

龍	龍	龍	龍						
용 룡(용)	肯 肯 背 背 龍 龍								
頭	頭	頭	頭						
머리 두	豆 豆 頭 頭 頭 頭								
蛇	蛇	蛇	蛇						
뱀 사	中 虫 虫 虵 蚍 蛇								
尾	尾	尾	尾						
꼬리 미	一 ㄱ 尸 尸 尾 尾								

愚公移山 우공이산 출전: 열자 탕문편
'우공이 산을 옮긴다'는 뜻으로, 어떤 일이든 끊임없이 노력하면 반드시 이루어짐을 이르는 말.

愚	愚	愚	愚				
어리석을 우	日 旦 禺 禺 愚 愚						
公	公	公	公				
공평할 공	ノ 八 公 公						
移	移	移	移				
옮길 이	´ 二 千 禾 移 移						
山	山	山	山				
메 산	ㅣ 凵 山						

牛耳讀經 우이독경 출전: 동언해
'쇠귀에 경 읽기'라는 뜻으로, 아무리 가르치고 일러 주어도 알아듣지 못함을 이르는 말.

牛	牛	牛	牛				
소 우	ノ 匕 ヒ 牛						
耳	耳	耳	耳				
귀 이	一 丅 丆 斤 耳 耳						
讀	讀	讀	讀				
읽을 독	言 訁 訃 讀 讀 讀						
經	經	經	經				
날 경	幺 糸 糸 紅 經 經						

遠交近攻 원교근공 출전: 사기 범저채택전
먼 나라와 친교를 맺고 가까운 나라를 공격함.

遠	遠	遠	遠						
멀 원		一 土 吉 막 袁 遠							
交	交	交	交						
사귈 교		、 一 亠 冫 宀 交							
近	近	近	近						
가까울 근		丆 户 斤 沂 近 近							
攻	攻	攻	攻						
칠 공		丁 工 丆 丣 功 攻							

越俎代庖 월조대포 출전: 장자소요유편
'도마를 넘어가서 요리사의 일을 대신한다'는 뜻으로, 자기에게 주어진 권리를 넘어 남의 직분이나 권한 따위를 침범하는 일을 이르는 말.

越	越	越	越						
넘을 월		走 走 走 越 越 越							
俎	俎	俎	俎						
도마 조		丿 夕 夕 夘 俎 俎							
代	代	代	代						
대신할 대		丿 亻 仁 代 代							
庖	庖	庖	庖						
부엌 포		、 广 庁 庁 庖 庖							

月下氷人 월하빙인 출전: 속유괴록
'월하노인과 빙상인'이라는 뜻으로, 중매를 하는 사람을 이르는 말.

月	月	月	月						
달 월		ノ 几 月 月							
下	下	下	下						
아래 하		一 丅 下							
氷	氷	氷	氷						
얼음 빙		丨 冫 氵 冰 氷							
人	人	人	人						
사람 인		ノ 人							

有備無患 유비무환 출전: 서경 열명편
미리 준비가 되어 있으면 걱정할 것이 없음.

有	有	有	有						
있을 유		一 ナ 广 冇 有 有							
備	備	備	備						
갖출 비		亻 伫 俨 備 備 備							
無	無	無	無						
없을 무		ノ 仁 는 無 無 無							
患	患	患	患						
근심 환		口 吕 串 串 患 患							

殷鑑不遠 은감불원 출전: 시경 탕편
'거울삼아 경계하여야 할 전례는 가까이 있다'는 뜻으로, 다른 사람의 실패를 자신의 거울로 삼으라는 말.

殷	殷	殷	殷					
성할 은		′ 丿 户 身 舟 殷						
鑑	鑑	鑑	鑑					
거울 감		金 鉅 鋸 鋸 鑑 鑑						
不	不	不	不					
아닐 불		一 ア 不 不						
遠	遠	遠	遠					
멀 원		十 土 吉 幸 袁 遠						

意氣揚揚 의기양양 출전: 사기
의기가 드높아 매우 자랑스럽게 행동하는 모양.

意	意	意	意					
뜻 의		亠 产 音 音 意 意						
氣	氣	氣	氣					
기운 기		′ ⺈ 气 气 氛 氣 氣						
揚	揚	揚	揚					
날릴 양		扌 扌' 扩 押 揚 揚						
揚	揚	揚	揚					
날릴 양		扌 扌' 扩 押 揚 揚						

以卵擊石 이란격석 출전: 순자 의병편

계란으로 바위를 친다는 뜻으로, 실패가 뻔한 상황에도 불구하고 도전하여 나서는 모습을 비유하는 말이다.

以	以	以	以					
써 이		ㅣ ㄴ ㄴ 以 以						
卵	卵	卵	卵					
알 란		´ ㄷ ㅌ 乒 卯 卵						
擊	擊	擊	擊					
부딪칠 격		車 軎 軗 毄 擊						
石	石	石	石					
돌 석		一 ㄱ ㄱ 石 石						

以心傳心 이심전심 출전: 전등록

마음과 마음으로 서로 뜻이 통함.

以	以	以	以					
써 이		ㅣ ㄴ ㄴ 以 以						
心	心	心	心					
마음 심		´ 心 心 心						
傳	傳	傳	傳					
전할 전		伶 伨 伸 伸 傳 傳						
心	心	心	心					
마음 심		´ 心 心 心						

以火救火 이화구화 출전: 장자 내저설상
'불로써 불을 구한다'는 뜻으로, 폐해를 구해 준다는 것이 도리어 폐해를 조장함을 이르는 말.

以	以	以	以					
써 이		ㅣ ㅏ ㅏ 以 以						
火	火	火	火					
불 화		丶 丷 少 火						
救	救	救	救					
구원할 구		求 求 求 求 救 救						
火	火	火	火					
불 화		丶 丷 少 火						

人面獸心 인면수심 출전: 한서
'사람의 얼굴을 하고 있으나 마음은 짐승과 같다'는 뜻으로, 마음이나 행동이 몹시 흉악함을 이르는 말.

人	人	人	人					
사람 인		丿 人						
面	面	面	面					
낯 면		一 厂 丙 面 面 面						
獸	獸	獸	獸					
짐승 수		吅 뿚 뿚 獸 獸						
心	心	心	心					
마음 심		丶 心 心 心						

人生朝露 인생조로 출전: 한서 소무전
인생은 아침 이슬과 같이 짧고 덧없다는 말.

人	人	人	人					
사람 인	ノ 人							
生	生	生	生					
날 생	ノ ㇒ 牛 生 生							
朝	朝	朝	朝					
아침 조	十 古 直 車 朝 朝							
露	露	露	露					
이슬 로(노)	雨 雪 雪 雪 霞 露							

一擧兩得 일거양득 출전: 춘추후어, 사기, 진서
한 가지 일을 하여 두 가지 이익을 얻음.

一	一	一	一					
한 일	一							
擧	擧	擧	擧					
들 거	臼 臼 卵 與 與 擧							
兩	兩	兩	兩					
두 량(양)	一 丆 币 丙 兩 兩							
得	得	得	得					
얻을 득	彳 伊 伊 俱 得 得							

一國三公 일국삼공 출전: 춘추좌씨전 「선공십오년」

'한 나라에 삼공이 있다'는 뜻으로, 많은 사람들이 저마다 구구한 의견을 제시하여 누구의 말을 좇아야 할지 모르는 경우를 비유하는 말.

一	一	一	一				
한 일	一						
國	國	國	國				
나라 국	冂 冋 囯 國 國 國						
三	三	三	三				
석 삼	一 二 三						
公	公	公	公				
공평할 공	丿 八 公 公						

一饋十起 일궤십기 출전: 회남자

'한 끼의 밥을 먹는데 열 번이나 일어난다'는 뜻으로, 나라를 잘 다스리기 위해 매우 바쁨을 비유적으로 이르는 말.

一	一	一	一				
한 일	一						
饋	饋	饋	饋				
보낼 궤	丶 食 飣 飭 饋 饋						
十	十	十	十				
열 십	一 十						
起	起	起	起				
일어날 기	土 丰 走 赳 起 起						

一刀兩斷 일도양단 출전: 주자어록
어떤 일을 머뭇거리지 아니하고 선뜻 결정함'을 비유적으로 이르는 말.

一							
한 일	一						
刀							
칼 도	フ 刀						
兩							
두 량(양)	一 冂 丙 亙 兩 兩						
斷							
끊을 단	ᅭ ᅭ 丝 𠭊 斷 斷						

一網打盡 일망타진 출전: 송사 범순인전
'한 번 그물을 쳐서 고기를 다 잡는다'는 뜻으로, 어떤 무리를 한꺼번에 모조리 다 잡음을 이르는 말.

一							
한 일	一						
網							
그물 망	幺 糸 糾 網 網 網						
打							
칠 타	一 十 扌 扌 打						
盡							
다할 진	⺻ 圭 圭 聿 盡 盡						

一鳴驚人 일명경인　출전: 사기 골계열전

한번 시작하면 사람을 놀랠 정도의 대사업을 이룩함을 이르는 말.

一	一	一	一						
한 일		一							
鳴	鳴	鳴	鳴						
울 명		口 미 미ヶ 唣 鳴 鳴							
驚	驚	驚	驚						
놀랄 경		苟 敬 欬 欯 驚 驚							
人	人	人	人						
사람 인		ノ 人							

日暮途遠 일모도원　출전: 사기 오자서열전

'날은 저물고 갈 길은 멀다'는 뜻으로, 늙고 쇠약한데 앞으로 해야 할 일은 많음을 이르는 말.

日	日	日	日						
날 일		ㅣ 冂 日 日							
暮	暮	暮	暮						
저물 모		ㆍ 艹 苎 苩 莒 莫							
途	途	途	途						
길 도		人 厶 仐 余 金 途							
遠	遠	遠	遠						
멀 원		十 土 告 幸 袁 遠							

80

一木難支 일목난지 출전: 수서 장손성전

'나무 한 그루로 지탱하기 어렵다'는 뜻으로, 이미 기울어지는 대세를 혼자서는 감당할 수 없음을 비유하는 말.

一	一	一	一				
한 일	一						
木	木	木	木				
나무 목	一 十 才 木						
難	難	難	難				
어려울 난	艹 荁 莫 歎 艱 難						
支	支	支	支				
지탱할 지	一 十 보 支						

一髮千鈞 일발천균 출전: 한서 매복전

'한 가닥의 머리털로 천균, 즉 만 근이나 되는 무거운 물건을 매어 끈다'는 뜻으로, 매우 위태로운 일을 이르는 말.

一	一	一	一				
한 일	一						
髮	髮	髮	髮				
터럭 발	镸 髟 髣 髣 髮 髮						
千	千	千	千				
일천 천	丿 二 千						
鈞	鈞	鈞	鈞				
서른 근 균	丿 亼 金 釒 鈞 鈞						

一葉障目 일엽장목 출전: 장자 천도편

'나뭇잎 하나가 눈을 가린다'는 뜻으로, 단편적이고 일시적인 현상에 미혹되어 전반적이고 근본적인 문제를 깨닫지 못함.

一									
한 일	一								
葉									
잎 엽	艹 芊 芊 苹 華 葉								
障									
막을 장	阝 阡 阼 隌 隌 障								
目									
눈 목	ㅣ 冂 冃 月 目								

一葉知秋 일엽지추 출전: 회남자 설산훈편

'하나의 나뭇잎을 보고 가을이 옴을 안다'는 뜻으로, 조그마한 일을 가지고 장차 올 일을 미리 짐작함.

一									
한 일	一								
葉									
잎 엽	艹 芊 芊 苹 華 葉								
知									
알 지	丿 亠 矢 知 知 知								
秋									
가을 추	二 千 禾 利 秋 秋								

一日千里 일일천리 출전: 장자 추수편
'하루에 천 리를 달린다'는 뜻으로, 말이 매우 빨리 달림을 이르는 말.

一	一	一	一					
한 일		一						
日	日	日	日					
날 일		丨 冂 日 日						
千	千	千	千					
일천 천		丿 二 千						
里	里	里	里					
마을 리(이)		丨 冂 日 甲 里 里						

日就月將 일취월장 출전: 시경
나날이 다달이 자라거나 발전함.

日	日	日	日					
날 일		丨 冂 日 日						
就	就	就	就					
나아갈 취		亠 亠 京 㪣 就 就						
月	月	月	月					
달 월		丿 刀 月 月						
將	將	將	將					
장수 장		丨 丬 爿 妝 將 將						

一曝十寒 일폭십한 출전: 맹자 고자장구상

'열흘 동안 춥다가 하루 볕이 쬔다'는 뜻으로, 일이 꾸준하게 진행되지 못하고 중간에 자주 끊김을 이르는 말.

一	一	一	一						
한 일		一							
曝	曝	曝	曝						
쬘 폭		日 日¯ 晅 暕 暴 曝							
十	十	十	十						
열 십		一 十							
寒	寒	寒	寒						
찰 한		宀 宀 宇 宲 寒 寒							

自家撞着 자가당착 출전: 선림유취

같은 사람의 말이나 행동이 앞뒤가 서로 맞지 아니하고 모순됨.

自	自	自	自						
스스로 자		´ 亻 冂 自 自 自							
家	家	家	家						
집 가		宀 宀 宁 宎 家 家							
撞	撞	撞	撞						
칠 당		扌 扩 扩 撞 撞 撞							
着	着	着	着						
붙을 착		丷 兯 羊 差 着 着							

自強不息 자강불식 출전: 역경
스스로 힘을 쓰고 몸과 마음을 가다듬어 쉬지 아니함.

自	自	自	自					
스스로 자	′ 丨 冂 甪 自 自							
強	強	強	強					
강할 강	弓 弘 弘 強 強 強							
不	不	不	不					
아닐 불	一 ㄱ 不 不							
息	息	息	息					
쉴 식	冂 冃 自 自 息 息							

煮豆燃萁 자두연기 출전: 세설신어
'콩을 삶기 위하여 같은 뿌리에서 자란 콩대를 태운다'는 뜻으로, 형제끼리 서로 시기하고 다툼을 비유적으로 이르는 말.

煮	煮	煮	煮					
삶을 자	亠 尹 耂 者 者 煮							
豆	豆	豆	豆					
콩 두	一 厂 戸 戸 豆 豆							
燃	燃	燃	燃					
불탈 연	丶 火 炒 燃 燃 燃							
萁	萁	萁	萁					
콩깍지 기	艹 艹 芦 苴 萁 萁							

自繩自縛 자승자박 출전: 한서

'자기의 줄로 자기 몸을 옭아 묶는다'는 뜻으로, 자기가 한 말과 행동에 자기 자신이 옭혀 곤란하게 됨을 비유적으로 이르는 말.

自	自	自	自					
스스로 자	′ 亻 冂 自 自 自							
繩	繩	繩	繩					
노끈 승	糸 紀 紀 絕 繩 繩							
自	自	自	自					
스스로 자	′ 亻 冂 自 自 自							
縛	縛	縛	縛					
묶을 박	幺 糸 糺 紳 縛 縛							

自我作古 자아작고 출전: 송사

옛일에 구애됨이 없이 모범이 될 만한 일을 자기부터 처음으로 만들어 냄을 이르는 말.

自	自	自	自					
스스로 자	′ 亻 冂 自 自 自							
我	我	我	我					
나 아	′ 二 千 扌 我 我 我							
作	作	作	作					
지을 작	′ 亻 亻 亻 竹 作							
古	古	古	古					
옛 고	一 十 古 古 古							

自業自得 자업자득 출전: 정법염경
자기가 저지른 일의 결과를 자기가 받음.

自	自	自	自						
스스로 자		´ 亻 冂 自 自 自							
業	業	業	業						
업 업		丷 ⺌ 业 豊 業 業							
自	自	自	自						
스스로 자		´ 亻 冂 自 自 自							
得	得	得	得						
얻을 득		彳 𠂉 早 𡭾 得 得							

張三李四 장삼이사 출전: 전등록
'장씨의 셋째 아들과 이씨의 넷째 아들'이라는 뜻으로, 이름이나 신분이 특별하지 아니한 평범한 사람들을 이르는 말.

張	張	張	張						
베풀 장		ˊ 弓 引 弡 張 張							
三	三	三	三						
석 삼		一 二 三							
李	李	李	李						
오얏 리(이)		一 十 木 本 李 李							
四	四	四	四						
넉 사		丨 冂 罒 四 四							

爭先恐後 쟁선공후 출전: 한비자
'앞서기를 다투고 뒤처지는 것을 두려워 한다'는 뜻으로, 격렬한 경쟁을 비유하는 말.

爭	爭	爭	爭					
다툴 쟁	ノ ⺈ 产 多 多 爭							
先	先	先	先					
먼저 선	ノ 一 十 生 先 先							
恐	恐	恐	恐					
두려울 공	工 卫 巩 巩 恐 恐							
後	後	後	後					
뒤 후	ノ 彳 彳 彳 後 後							

赤子之心 적자지심 출전: 맹자 이루장구하
죄악에 물들지 아니하고 순수하며 거짓이 없는 마음.

赤	赤	赤	赤					
붉을 적	一 十 土 尹 齐 赤							
子	子	子	子					
아들 자	了 了 子							
之	之	之	之					
갈 지	、 一 ㇌ 之							
心	心	心	心					
마음 심	、 心 心 心							

戰戰兢兢 전전긍긍 출전: 시경 소민편
몹시 두려워서 벌벌 떨며 조심함.

戰	戰	戰	戰					
싸움 전		′ 罒 單 戰 戰 戰						
戰	戰	戰	戰					
싸움 전		′ 罒 單 戰 戰 戰						
兢	兢	兢	兢					
떨릴 긍		一 十 古 克 兢 兢 兢						
兢	兢	兢	兢					
떨릴 긍		一 十 古 克 兢 兢 兢						

輾轉反側 전전반측 출전: 시경
누워서 몸을 이리저리 뒤척이며 잠을 이루지 못함.

輾	輾	輾	輾					
돌아누울 전		亘 車 軯 輄 輾 輾						
轉	轉	轉	轉					
구를 전		車 軯 軸 軸 轉 轉						
反	反	反	反					
돌이킬 반		一 厂 反 反						
側	側	側	側					
곁 측		亻 仴 但 俱 側 側						

切磋琢磨 절차탁마 출전: 시경 위풍, 논어 학이편
'옥나 돌 따위를 갈고 닦아서 빛을 낸다'는 뜻으로, 부지런히 학문과 덕행을 닦음을 이르는 말.

切	切	切	切					
끊을 절		一 七 切 切						
磋	磋	磋	磋					
갈 차		丆 石 矽 硅 磋 磋						
琢	琢	琢	琢					
다듬을 탁		王 珇 玚 琢 琢 琢						
磨	磨	磨	磨					
갈 마		广 广 庁 麻 磨 磨						

漸入佳境 점입가경 출전: 사기, 진서
시간이 지날수록 하는 짓이나 몰골이 더욱 꼴불견임을 비유적으로 이르는 말.

漸	漸	漸	漸					
점진할 점		氵 沂 洦 漸 漸 漸						
入	入	入	入					
들 입		丿 入						
佳	佳	佳	佳					
아름다울 가		亻 什 仹 佳 佳 佳						
境	境	境	境					
지경 경		土 圹 圲 培 境 境						

井中之蛙 정중지와 출전: 장자 추수편
'우물안 개구리'라는 뜻으로, 세상 물정을 너무 모름.

井	井	井	井				
우물 정	一 二 井 井						
中	中	中	中				
가운데 중	ㅣ 口 口 中						
之	之	之	之				
갈 지	、 亠 宁 之						
蛙	蛙	蛙	蛙				
개구리 와	口 中 虫 虾 蚌 蛙						

糟糠之妻 조강지처 출전: 후한서 송홍전
'지게미와 쌀겨로 끼니를 이을 때의 아내'라는 뜻으로, 몹시 가난하고 천할 때에 고생을 함께 겪어 온 아내를 이르는 말.

糟	糟	糟	糟				
지게미 조	丷 中 米 粐 糟 糟						
糠	糠	糠	糠				
겨 강	丷 米 扩 柠 桾 糠						
之	之	之	之				
갈 지	、 亠 宁 之						
妻	妻	妻	妻				
아내 처	一 ㄱ ㅋ 크 妻 妻						

朝令暮改 조령모개 출전: 사기 평준서
'아침에 명령을 내렸다가 저녁에 다시 고친다'는 뜻으로, 법령을 자꾸 고쳐서 갈피를 잡기가 어려움을 이르는 말

朝	朝	朝	朝					
아침 조		十 古 古 古 朝 朝						
令	令	令	令					
하여금 령(영)		ノ 人 스 今 令						
暮	暮	暮	暮					
저물 모		十 艹 苎 苎 莒 莫						
改	改	改	改					
고칠 개		ㄱ 己 己 改 改 改						

朝三暮四 조삼모사 출전: 열자 황제편
자기의 이익을 위해 교활한 꾀를 써서 남을 속이고 놀리는 것을 이르는 말.

朝	朝	朝	朝					
아침 조		十 古 古 古 朝 朝						
三	三	三	三					
석 삼		一 二 三						
暮	暮	暮	暮					
저물 모		十 艹 苎 苎 莒 莫						
四	四	四	四					
넉 사		ㅣ 冂 冂 四 四						

走馬加鞭 주마가편 출전: 순오지
'달리는 말에 채찍질한다'는 뜻으로, 잘하는 사람을 더욱 장려함을 이르는 말.

走	走	走	走					
달릴 주		十 土 キ キ 丰 走 走						
馬	馬	馬	馬					
말 마		丨 厂 F 馬 馬 馬						
加	加	加	加					
더할 가		フ カ 加 加 加						
鞭	鞭	鞭	鞭					
채찍 편		廿 苎 革 勒 鞘 鞭						

酒囊飯袋 주낭반대 출전: 통속편
'술을 담는 부대와 밥을 담는 주머니'라는 뜻으로, 술과 음식을 축내며 일은 하지 않는 사람을 이르는 말.

酒	酒	酒	酒					
술 주		氵 沂 沔 洒 洒 酒						
囊	囊	囊	囊					
주머니 낭		亠 宀 㐭 喾 壴 囊						
飯	飯	飯	飯					
밥 반		亻 冇 自 釘 飯 飯						
袋	袋	袋	袋					
자루 대		亻 亻 代 代 垈 袋						

酒池肉林 주지육림 출전: 사기 제왕세기십팔사략
'술로 연못을 이루고 고기로 숲을 이룬다'는 뜻으로, 호사스러운 술잔치를 이르는 말.

酒	酒	酒	酒				
술 주		氵 沂 沂 洒 酒 酒					
池	池	池	池				
못 지		丶 氵 氵 沖 池 池					
肉	肉	肉	肉				
고기 육		丨 冂 内 内 肉 肉					
林	林	林	林				
수풀 림(임)		一 十 才 朴 材 林					

竹頭木屑 죽두목설 출전: 진서
'대나무 조각과 나무 부스러기'라는 뜻으로, 쓸모가 적은 물건을 이르는 말.

竹	竹	竹	竹				
대 죽		丿 丶 左 仁 竹 竹					
頭	頭	頭	頭				
머리 두		豆 豆 頭 頭 頭 頭					
木	木	木	木				
나무 목		一 十 才 木					
屑	屑	屑	屑				
가루 설		丿 尸 尸 屑 屑 屑					

竹馬故友 죽마고우 출전: 진서
'대말을 타고 놀던 벗'이라는 뜻으로, 어릴 때부터 같이 놀며 자란 벗.

竹	竹	竹	竹					
대 죽		ノ ノ ㇑ ㇑ ㇑ 竹						
馬	馬	馬	馬					
말 마		丨 厂 厂 厂 馬 馬						
故	故	故	故					
연고 고		十 古 古 古 故 故						
友	友	友	友					
벗 우		一 ナ 方 友						

衆寡不敵 중과부적 출전: 맹자, 위지
'무리가 적으면 대적할 수 없다'는 뜻으로, 적은 수효로 많은 수효를 대적하지 못함.

衆	衆	衆	衆					
무리 중		宀 血 血 衆 衆 衆						
寡	寡	寡	寡					
적을 과		宀 宀 宀 宣 寡 寡						
不	不	不	不					
아닐 부(불)		一 フ 才 不						
敵	敵	敵	敵					
대적할 적		亠 产 产 商 啇 敵						

中石沒鏃 중석몰촉 출전: 사기

'돌에 박힌 화살촉'이라는 뜻으로, 정신을 집중하면 때로는 믿을 수 없을 만한 큰 힘이 나올 수 있음을 이르는 말.

中	中	中	中					
가운데 중		丨 口 口 中						
石	石	石	石					
돌 석		一 丆 ア 石 石						
沒	沒	沒	沒					
빠질 몰		丶 氵 氵 沪 沒 沒						
鏃	鏃	鏃	鏃					
화살촉 족		人 金 鈵 鈵 鏇 鏃						

知難而退 지난이퇴 출전: 춘추좌씨전

형세가 불리한 것을 알면 물러서야 함.

知	知	知	知					
알 지		ㄥ 느 矢 知 知 知						
難	難	難	難					
어려울 난		堇 菓 剙 鄞 鄞 難						
而	而	而	而					
말 이을 이		一 丆 厂 而 而						
退	退	退	退					
물러날 퇴		㇇ 彐 艮 艮 艮 退						

指鹿爲馬 지록위마 출전: 사기 진시황본기
윗사람을 농락하여 권세를 마음대로 함을 이르는 말. 모순된 것을 끝까지 우겨서 남을 속이려는 짓을 비유적으로 이르는 말.

指	指	指	指						
가리킬 지	扌 扌 扩 指 指 指								
鹿	鹿	鹿	鹿						
사슴 록(녹)	亠 广 庐 庐 鹿 鹿								
爲	爲	爲	爲						
할 위	ˊ ˊ ˊ ㇄ 爲 爲								
馬	馬	馬	馬						
말 마	丨 厂 丌 馬 馬 馬								

池魚之殃 지어지앙 출전: 여씨춘추
'재앙이 못의 물고기에 미친다'는 뜻으로, 제삼자가 엉뚱하게 재난을 당함을 이르는 말.

池	池	池	池						
못 지	丶 冫 氵 江 沖 池								
魚	魚	魚	魚						
물고기 어	ˊ ク 夕 冎 鱼 魚								
之	之	之	之						
갈 지	丶 亠 ラ 之								
殃	殃	殃	殃						
재앙 앙	歹 歹 歽 死 殃 殃								

織錦回文 직금회문 출전: 진서
'비단으로 회문을 짜 넣다'는 뜻으로, 구성이 절묘한 훌륭한 문학작품을 비유함.

織	織	織	織				
짤 직	糸 紅 縎 織 織 織						
錦	錦	錦	錦				
비단 금	钅 金 釒 鉬 錦 錦						
回	回	回	回				
돌아올 회	丨 冂 冋 回 回 回						
文	文	文	文				
글월 문	丶 亠 ナ 文						

滄海一粟 창해일속 출전: 소식의 적벽부
'넓고 큰 바닷속의 좁쌀 한 알'이라는 뜻으로, 아주 많거나 넓은 것 가운데 있는 매우 하찮고 작은 것을 이르는 말.

滄	滄	滄	滄				
찰 창	氵 汁 汵 泠 滄 滄						
海	海	海	海				
바다 해	氵 汙 江 海 海 海						
一	一	一	一				
한 일	一						
粟	粟	粟	粟				
조 속	一 西 西 西 粟 粟						

天高馬肥 천고마비 출전: 한서 흉노전
'하늘이 높고 말이 살찐다'는 뜻으로, 하늘이 맑아 높푸르게 보이고 온갖 곡식이 익는 가을철을 이르는 말.

天	天	天	天					
하늘 천	一 二 チ 天							
高	高	高	高					
높을 고	丶 亠 亠 吉 亨 高 高							
馬	馬	馬	馬					
말 마	丨 厂 丆 严 馬 馬							
肥	肥	肥	肥					
살찔 비	刀 月 肌 肌 肥 肥							

千慮一失 천려일실 출전: 사기
'천 번 생각에 한 번 실수'라는 뜻으로, 슬기로운 사람이라도 여러 가지 생각 가운데에는 잘못되는 것이 있을 수 있음을 이르는 말.

千	千	千	千					
일천 천	丿 二 千							
慮	慮	慮	慮					
생각할 려(여)	广 庐 虏 虎 虜 慮							
一	一	一	一					
한 일	一							
失	失	失	失					
잃을 실	丿 ㄣ 二 失 失							

天衣無縫 천의무봉 출전: 태평광기

'천사의 옷은 꿰맨 흔적이 없다'는 뜻으로, 일부러 꾸민 데 없이 자연스럽고 아름다우면서 완전함을 이르는 말.

天	天	天	天						
하늘 천	一 二 チ 天								
衣	衣	衣	衣						
옷 의	、 一 ナ 衣 衣 衣								
無	無	無	無						
없을 무	ノ ㅅ 느 無 無 無								
縫	縫	縫	縫						
꿰맬 봉	幺 糸 終 縫 縫 縫								

千篇一律 천편일률 출전: 예원호언

여럿이 개별적 특성이 없이 모두 엇비슷한 현상을 비유적으로 이르는 말.

千	千	千	千						
일천 천	一 二 千								
篇	篇	篇	篇						
책 편	竺 竺 芦 笆 篤 篇								
一	一	一	一						
한 일	一								
律	律	律	律						
법칙 률(율)	彳 彳 彳 律 律 律								

轍鮒之急 철부지급 출전: 장자 외물편

'철부는 수레바퀴 자국 속의 붕어로서, 그 자국 만큼의 물만 있어도 살 수 있는 처지'라는 말로, 다급한 위기, 곤궁한 처지를 비유하는 말.

轍	轍	轍	轍					
바큇자국 철	亘 車 軡 軡 輽 轍							
鮒	鮒	鮒	鮒					
붕어 부	⺈ 魚 魚 魚 魚 鮒 鮒							
之	之	之	之					
갈 지	丶 亠 ㇇ 之							
急	急	急	急					
급할 급	⺈ ⺈ ⺈ 刍 急 急							

青天霹靂 청천벽력 출전: 육유의 시

'맑게 갠 하늘에서 치는 날벼락'이라는 뜻으로, 뜻밖에 일어난 큰 변고나 사건을 비유적으로 이르는 말.

青	青	青	青					
푸를 청	一 十 主 青 青 青							
天	天	天	天					
하늘 천	一 二 于 天							
霹	霹	霹	霹					
벼락 벽	示 雨 严 霏 霹 霹							
靂	靂	靂	靂					
벼락 력(역)	示 雨 严 霏 霏 靂							

青出於藍 청출어람 출전: 순자 권학편

'쪽에서 뽑아낸 푸른 물감이 쪽보다 더 푸르다'는 뜻으로, 제자나 후배가 스승이나 선배보다 나음을 비유적으로 이르는 말.

青	青	青	青						
푸를 청	一 十 圭 青 青 青								
出	出	出	出						
날 출	一 凵 屮 出 出								
於	於	於	於						
어조사 어	丶 一 方 方 於 於								
藍	藍	藍	藍						
쪽 람(남)	艹 芦 藍 藍 藍 藍								

清風明月 청풍명월 출전: 이백의 양양가

맑은 바람과 밝은 달.

清	清	清	清						
맑을 청	氵 氵 汁 浐 清 清								
風	風	風	風						
바람 풍	几 凡 凨 風 風 風								
明	明	明	明						
밝을 명	丨 冂 日 明 明 明								
月	月	月	月						
달 월	丿 冂 月 月								

焦眉之急 초미지급 출전: 삼국지 위서 양무비전
'눈썹에 불이 붙었다'는 뜻으로, 매우 급함을 이르는 말.

焦	焦	焦	焦				
탈 초	ノ 亻 仁 仹 隹 焦						
眉	眉	眉	眉				
눈썹 미	一 ア ア 尸 厇 眉						
之	之	之	之				
갈 지	﹑ 亠 ㇇ 之						
急	急	急	急				
급할 급	㇇ ㇌ 刍 刍 急 急						

招搖過市 초요과시 출전: 한비자
'남의 이목을 끌도록 요란스럽게 하며 저자거리를 지나간다'는 뜻으로, 허풍을 떨며 요란하게 사람의 이목을 끄는 것을 비유하는 말.

招	招	招	招				
부를 초	扌 扌 扣 扣 招 招						
搖	搖	搖	搖				
흔들 요	扌 扌 扩 挦 搖 搖						
過	過	過	過				
지날 과	冂 冂 冎 咼 過 過						
市	市	市	市				
저자 시	﹑ 亠 宀 市 市						

寸鐵殺人 촌철살인 출전: 벽암록, 선림보훈

'한 치의 쇠붙이로도 사람을 죽일 수 있다'는 뜻으로, 간단한 말로도 남을 감동하게 하거나 남의 약점을 찌를 수 있음을 이르는 말.

寸	寸	寸	寸				
마디 촌	一 寸 寸						
鐵	鐵	鐵	鐵				
쇠 철	釒 釒 釯 鐵 鐵 鐵						
殺	殺	殺	殺				
죽일 살	禾 禾 杀 杀 殺 殺						
人	人	人	人				
사람 인	丿 人						

春雉自鳴 춘치자명 출전: 회남자 주술훈

'봄철의 꿩이 스스로 운다'는 뜻으로, 제 허물을 제 스스로 드러냄으로써 남이 알게 된다는 말.

春	春	春	春				
봄 춘	一 二 夫 春 春 春						
雉	雉	雉	雉				
꿩 치	亠 矢 矢 矵 雉 雉						
自	自	自	自				
스스로 자	丿 丨 冂 冃 自 自						
鳴	鳴	鳴	鳴				
울 명	口 吖 吖 鸣 鳴 鳴						

出奇制勝 출기제승 출전: 손자병법 군쟁편
기묘한 계략을 써서 승리함.

出	出	出	出						
날 출	ㄴ ㄩ 屮 出 出								

奇	奇	奇	奇						
기특할 기	ㄱ ㅊ 产 쥿 쥿 奇								

制	制	制	制						
절제할 제	ㄴ ㅑ 눅 쿅 制 制								

勝	勝	勝	勝						
이길 승	月 月 肝 胖 胖 勝								

出爾反爾 출이반이 출전: 맹자
'너에게서 나와서 너에게로 돌아간다'는 뜻으로, 행불행과 좋은 일 나쁜 일이 결국은 모두 자기 자신에 의하여 초래됨을 비유적으로 이르는 말.

出	出	出	出						
날 출	ㄴ ㄩ 屮 出 出								

爾	爾	爾	爾						
너 이	ㄱ ㅅ 个 币 爾 爾								

反	反	反	反						
돌이킬 반	ㄱ 厂 反 反								

爾	爾	爾	爾						
너 이	ㄱ ㅅ 个 币 爾 爾								

忠言逆耳 충언역이 출전: 사기 회남왕전
충직한 말은 귀에 거슬림.

忠	忠	忠	忠					
충성 충	、 口 口 中 忠 忠							
言	言	言	言					
말씀 언	、 亠 斗 言 言 言							
逆	逆	逆	逆					
거스를 역	⺌ 亠 屰 逆							
耳	耳	耳	耳					
귀 이	一 丆 厅 下 耳 耳							

吹毛求疵 취모구자 출전: 한비자
'터럭을 불어 헤쳐 그 속의 허물을 찾으려 한다'는 뜻으로, 남의 조그만 잘못도 샅샅이 찾아냄을 이르는 말.

吹	吹	吹	吹					
불 취	口 口 叱 吩 吹							
毛	毛	毛	毛					
터럭 모	一 二 三 毛							
求	求	求	求					
구할 구	一 十 寸 才 求 求							
疵	疵	疵	疵					
허물 자	广 疒 疔 疵 疵 疵							

醉生夢死 취생몽사 출전: 정자어록

'술에 취하여 자는 동안에 꾸는 꿈 속에 살고 죽는다'는 뜻으로, 한평생을 아무 하는 일 없이 흐리멍덩하게 살아감을 비유적으로 이르는 말.

醉	醉	醉	醉				
취할 취	丆 酉 酉 酉⁺ 醉 醉						
生	生	生	生				
날 생	丿 亠 牛 牛 生						
夢	夢	夢	夢				
꿈 몽	艹 艹 苩 苩 夢 夢						
死	死	死	死				
죽을 사	一 厂 歹 歹 死 死						

取而代之 취이대지 출전: 사기

'취하여 그것을 대신하다'는 뜻으로, 어떤 사물로 다른 사물을 대체하거나 남의 지위나 직무를 빼앗아 자신이 대신하는 것을 비유하는 말.

取	取	取	取				
가질 취	一 丅 耳 耳 取 取						
而	而	而	而				
말 이을 이	一 丆 丙 而 而						
代	代	代	代				
대신할 대	丿 亻 仁 代 代						
之	之	之	之				
갈 지	丶 亠 之 之						

惻隱之心 측은지심 출전: 맹자 공손추상
사단의 하나로, 남의 불행을 불쌍히 여기는 마음.

惻	惻	惻	惻					
슬퍼할 측	゛ 丨 忄 忄 惧 惻							
隱	隱	隱	隱					
숨을 은	阝 阝 阡 隱 隱 隱							
之	之	之	之					
갈 지	丶 亠 ㇓ 之							
心	心	心	心					
마음 심	丶 心 心 心							

七顚八起 칠전팔기 출전: 후한서
'일곱 번 넘어지고 여덟 번 일어난다'는 뜻으로, 여러 번 실패하여도 굴하지 아니하고 꾸준히 노력함을 이르는 말.

七	七	七	七					
일곱 칠	一 七							
顚	顚	顚	顚					
정수리 전	匕 旨 眞 眞 顚 顚							
八	八	八	八					
여덟 팔	丿 八							
起	起	起	起					
일어날 기	土 耂 走 起 起 起							

快刀亂麻 쾌도난마 출전: 북제서 문선제기

'잘 드는 칼로 마구 헝클어진 삼 가닥을 자른다'는 뜻으로, 어지럽게 뒤얽힌 사물을 강력한 힘으로 명쾌하게 처리함을 이르는 말.

快	快	快	快						
쾌할 쾌	⺁ 忄 忄 忾 快								
刀	刀	刀	刀						
칼 도	刁 刀								
亂	亂	亂	亂						
어지러울 란(난)	⺈ ⺈ 冎 爵 亂								
麻	麻	麻	麻						
삼 마	亠 广 广 庁 庈 麻								

唾面自乾 타면자건 출전: 당서

'다른 사람이 나의 얼굴에 침을 뱉으면 절로 그 침이 마를 때까지 기다린다'는 뜻으로, 처세에는 인내가 필요함을 강조하여 이르는 말.

唾	唾	唾	唾						
침 타	口 吁 吘 唾 唾 唾								
面	面	面	面						
낯 면	⺆ 厂 丙 而 面 面								
自	自	自	自						
스스로 자	⺁ 亻 冂 自 自 自								
乾	乾	乾	乾						
하늘 건	一 十 古 車 軋 乾								

他山之石 타산지석   출전: 시경 소아

'다른 산의 나쁜 돌이라도 자신의 산의 옥돌을 가는 데에 쓸 수 있다'는 뜻으로, 다른 사람의 하찮은 언행 또는 허물과 실패까지도 자신을 수양하는 데 도움이 된다는 말.

他	他	他	他						

다를 타   ノ 亻 亻 他 他

山	山	山	山						

메 산   丨 凵 山

之	之	之	之						

갈 지   丶 亠 ㇇ 之

石	石	石	石						

돌 석   一 ㄏ 丆 石 石

脫兔之勢 탈토지세   출전: 손자

'우리를 빠져나가 달아나는 토끼의 기세'라는 뜻으로, 매우 빠르고 날랜 기세를 이르는 말.

脫	脫	脫	脫						

벗을 탈   月 刖 肸 胪 胶 脫

兔	兔	兔	兔						

토끼 토   ㄱ 刀 刍 尹 免 兔

之	之	之	之						

갈 지   丶 亠 ㇇ 之

勢	勢	勢	勢						

형세 세   土 步 刲 圶 埶 勢

泰山北斗 태산북두 출전: 당서
세상 사람들로부터 존경받는 사람을 비유적으로 이르는 말.

泰	泰	泰	泰				
클 태	三 声 夫 추 泰 泰						
山	山	山	山				
메 산	丨 山 山						
北	北	北	北				
북녘 북	丨 ㅓ ㅓ 킈 北						
斗	斗	斗	斗				
말 두	丶 丶 二 斗						

兔死狗烹 토사구팽 출전: 사기
'토끼가 죽으면 토끼를 잡던 사냥개도 필요 없게 되어 주인에게 삶아 먹히게 된다'는 뜻으로, 필요할 때는 쓰고 필요 없을 때는 야박하게 버리는 경우를 이르는 말.

兔	兔	兔	兔				
토끼 토	ㄱ ㄱ 刍 兔 兔 兔						
死	死	死	死				
죽을 사	一 ㄏ 万 歹 歹 死						
狗	狗	狗	狗				
개 구	犭 犭 豿 豿 狗 狗						
烹	烹	烹	烹				
삶을 팽	丶 亠 吉 亨 亨 烹						

破竹之勢 파죽지세 출전: 진서 두예전
'대를 쪼개는 기세'라는 뜻으로, 적을 거침없이 물리치고 쳐들어가는 기세를 이르는 말.

破								
깨뜨릴 파	石 石 矿 矿 破 破							
竹								
대 죽	ノ ᄼ ᄼ ᄽ ᄿ 竹							
之								
갈 지	丶 亠 ㇌ 之							
勢								
형세 세	土 埶 埶 埶 勢 勢							

平地風波 평지풍파 출전: 평지기파란
'평온한 자리에서 일어나는 풍파'라는 뜻으로, 뜻밖에 분쟁이 일어남을 비유적으로 이르는 말.

平								
평평할 평	一 ㇀ ㇇ 亠 平							
地								
땅 지	一 十 土 扫 地 地							
風								
바람 풍	几 凡 凨 凨 風 風							
波								
물결 파	氵 氵 氵 汸 波 波							

暴虎馮河 포호빙하 출전: 논어 술이편
'맨손으로 범을 때려잡고 걸어서 황허강을 건넌다'는 뜻으로, 용기는 있으나 무모함을 이르는 말.

暴	暴	暴	暴				
사나울 폭		日 甼 異 暴 暴 暴					
虎	虎	虎	虎				
범 호		ノ 卜 ヒ 广 虍 虎					
馮	馮	馮	馮				
업신여길 빙		冫 冫 冴 馮 馮					
河	河	河	河				
물 하		氵 氵 氵 沪 沪 河					

風餐露宿 풍찬노숙 출전: 육유의 숙야인가시
'바람을 먹고 이슬에 잠잔다'는 뜻으로, 객지에서 많은 고생을 겪음을 이르는 말.

風	風	風	風				
바람 풍		几 凡 風 風 風 風					
餐	餐	餐	餐				
밥 찬		卜 夕 歺 癸 癸 餐					
露	露	露	露				
이슬 로(노)		雨 雨 雫 露 露 露					
宿	宿	宿	宿				
잘 숙		宀 宀 宀 宿 宿 宿					

匹夫之勇 필부지용 출전: 맹자 양혜왕장구하
깊은 생각 없이 혈기만 믿고 함부로 부리는 소인의 용기.

匹	匹	匹	匹					
짝 필	一 ㄏ 兀 匹							
夫	夫	夫	夫					
지아비 부	一 二 ナ 夫							
之	之	之	之					
갈 지	丶 亠 う 之							
勇	勇	勇	勇					
날랠 용	龴 甬 甬 甬 勇 勇							

夏爐冬扇 하로동선 출전: 논형 봉우편
'여름의 화로와 겨울의 부채'라는 뜻으로, 격이나 철에 맞지 아니함을 이르는 말.

夏	夏	夏	夏					
여름 하	一 丆 百 百 夏 夏							
爐	爐	爐	爐					
화로 로(노)	火 扩 炉 炉 爐 爐							
冬	冬	冬	冬					
겨울 동	丿 ク 夂 冬 冬							
扇	扇	扇	扇					
부채 선	丶 ㇇ 戶 肩 肩 扇							

邯鄲學步 한단학보 출전: 장자

'한단에서 걸음걸이를 배운다'는 뜻으로, 자기의 본분을 버리고 함부로 남의 흉내를 내다가 두 가지다 잃음을 이르는 말.

邯	邯	邯	邯					
땅 이름 감	一 廿 甘 甘' 邯³ 邯							
鄲	鄲	鄲	鄲					
조나라 서울 단	〃 〃 単 單 鄲³ 鄲							
學	學	學	學					
배울 학	⺊ 臼 ⺽ 與 學 學							
步	步	步	步					
걸음 보	⺊ 止 ⺦ 朱 歩 步							

鶴立鷄群 학립계군 출전: 고사성어고

'닭이 많은 곳에 학이 서 있다'는 뜻으로, 눈에 띄게 월등함을 이르는 말.

鶴	鶴	鶴	鶴					
학 학	隹 䧹' 鶴' 鶴' 鶴 鶴							
立	立	立	立					
설 립(입)	丶 亠 ⺡ 立 立							
鷄	鷄	鷄	鷄					
닭 계	爫 奚 鷄' 鷄' 鷄 鷄							
群	群	群	群					
무리 군	尹 君 君' 君² 群' 群							

邯鄲之夢 한단지몽 출전: 심기제 침중기
인생과 영화의 덧없음을 이르는 말.

邯	邯	邯	邯					
조나라 서울 한		一 卄 甘 甘' 邯' 邯						
鄲	鄲	鄲	鄲					
조나라 서울 단		口 吅 單 單 鄲 鄲						
之	之	之	之					
갈 지		丶 亠 亠 之						
夢	夢	夢	夢					
꿈 몽		艹 艹 苗 苗 夢 夢						

汗流浹背 한류협배 출전: 사기
'땀이 흘러 등을 적시다'는 뜻으로, 극도로 두려워하거나 부끄러워하는 모습을 비유하는 말.

汗	汗	汗	汗					
땀 한		丶 丶 氵 汙 汙 汗						
流	流	流	流					
흐를 류(유)		氵 汙 浐 浐 浐 流						
浹	浹	浹	浹					
두루 미칠 협		氵 氵 汀 汀 浹 浹						
背	背	背	背					
등 배		丬 爿 北 北 背 背						

汗牛充棟 한우충동 출전: 유종원의 육문통

'짐으로 실으면 소가 땀을 흘리고, 쌓으면 들보에까지 찬다'는 뜻으로, 가지고 있는 책이 매우 많음을 이르는 말.

汗	汗	汗	汗					
땀 한	` ` ` 氵 氵 汗							
牛	牛	牛	牛					
소 우	ノ 𠂉 二 牛							
充	充	充	充					
채울 충	` 亠 云 云 产 充							
棟	棟	棟	棟					
마룻대 동	一 十 木 桓 柿 棟							

含沙射影 함사사영 출전: 수신기

'모래를 머금어 그림자를 쏜다'는 뜻으로, 몰래 남을 공격하거나 비방하여 해치는 것을 비유하는 말.

含	含	含	含					
머금을 함	ノ 人 𠆢 今 含 含							
沙	沙	沙	沙					
모래 사	` 氵 氵 汀 沙 沙							
射	射	射	射					
쏠 사	′ 冂 𠂆 身 射 射							
影	影	影	影					
그림자 영	日 昙 昙 景 影 影							

咸興差使 함흥차사 출전: 축수편

심부름을 가서 아무 소식이 없이 돌아오지 않거나 늦게 오는 사람을 비유적으로 이르는 말.

咸	咸	咸	咸					
다 함	ノ 厂 厂 咸 咸 咸							
興	興	興	興					
일 흥	⌒ 爿 目 目 則 脚 興							
差	差	差	差					
다를 차	゛ ⺷ 羊 差 差 差							
使	使	使	使					
하여금 사	亻 亻 亻 佢 使 使							

合浦珠還 합포주환 출전: 후한서

'합포에 구슬이 다시 돌아왔다'는 뜻으로, 잃어버린 물건을 다시 찾게 되거나 떠나갔던 사람이 다시 돌아오는 것을 이르는 말.

合	合	合	合					
합할 합	ノ 人 亼 合 合 合							
浦	浦	浦	浦					
개 포	氵 氵 汀 浿 浦 浦							
珠	珠	珠	珠					
구슬 주	王 王 王 珒 珠 珠							
還	還	還	還					
돌아올 환	罒 罒 罒 睘 睘 還							

恒產恒心 항산항심 출전: 맹자

'일정한 생산이 있으면 마음이 변치 않는다'는 뜻으로, 일정한 직업과 재산을 가진 자는 마음에 그만큼 여유가 있으나, 그렇지 않은 자는 정신적으로 늘 불안정하여 하찮은 일에도 동요함을 이르는 말.

恒	恒	恒	恒					
항상 항		忄 忄 忄 恒 恒 恒						
產	產	產	產					
낳을 산		亠 立 产 产 产 產						
恒	恒	恒	恒					
항상 항		忄 忄 忄 恒 恒 恒						
心	心	心	心					
마음 심		ㇼ 心 心 心						

偕老同穴 해로동혈 출전: 시경

'살아서는 같이 늙고 죽어서는 한 무덤에 묻힌다'는 뜻으로, 생사를 같이하자는 부부의 굳은 맹세를 이르는 말.

偕	偕	偕	偕					
함께 해		丿 亻 伊 俨 偕 偕						
老	老	老	老					
늙을 로(노)		一 十 土 耂 耂 老						
同	同	同	同					
한가지 동		丨 冂 冂 同 同 同						
穴	穴	穴	穴					
구멍 혈		丶 丷 宀 穴 穴						

虛張聲勢 허장성세 출전: 삼국지 촉서 제갈량전
실속은 없으면서 큰소리치거나 허세를 부림.

虛	虛	虛	虛					
빌 허		广 卢 虍 虗 虛						
張	張	張	張					
베풀 장		丶 弓 引 張 張 張						
聲	聲	聲	聲					
소리 성		声 殸 殸 殸 聲 聲						
勢	勢	勢	勢					
형세 세		圡 坴 執 執 執 勢						

懸頭刺股 현두자고 출전: 초국선현전
'상투를 천장에 달아매고, 송곳으로 허벅다리를 찔러서 잠을 깨운다'는 뜻으로, 학업에 매우 힘씀을 이르는 말.

懸	懸	懸	懸					
달 현		県 県 県 縣 縣 懸						
頭	頭	頭	頭					
머리 두		豆 豆 頭 頭 頭 頭						
刺	刺	刺	刺					
찌를 자		一 冂 市 束 刺 刺						
股	股	股	股					
넓적다리 고		丿 月 𦙶 股 股 股						

懸梁刺股 현량자고 출전: 전국책 진책일
'머리털을 대들보에 묶고, 허벅다리를 찌른다'는 뜻으로, 분발하여 열심히 공부함을 이르는 말.

懸	懸	懸	懸					
달 현	県 県′ 県∠ 縣 縣 懸							
梁	梁	梁	梁					
들보 량(양)	氵 氿 汈 汈 梁 梁							
刺	刺	刺	刺					
찌를 자	一 口 市 束 刺 刺							
股	股	股	股					
넓적다리 고	刀 月 月 肝 股 股							

懸河之辯 현하지변 출전: 수서
물이 거침없이 흐르듯 잘하는 말.

懸	懸	懸	懸					
달 현	県 県′ 県∠ 縣 縣 懸							
河	河	河	河					
물 하	氵 氵 氵 汀 河 河							
之	之	之	之					
갈 지	丶 一 亠 之							
辯	辯	辯	辯					
말씀 변	立 辛 ⺼ 辥 辯 辯							

螢雪之功 형설지공 출전: 진서 차윤전
'반딧불·눈과 함께 하는 노력'이라는 뜻으로, 고생을 하면서 부지런하고 꾸준하게 공부하는 자세를 이르는 말.

螢	螢	螢	螢				
반딧불이 형	丷 ⺍ 𭕄 𮊀 𮊅 螢						
雪	雪	雪	雪				
눈 설	宀 帀 雨 雪 雪 雪						
之	之	之	之				
갈 지	丶 亠 ㇇ 之						
功	功	功	功				
공 공	一 丅 工 功 功						

狐假虎威 호가호위 출전: 전국책 초책
'여우가 호랑이의 위세를 빌려 호기를 부린다'는 뜻으로, 남의 권세를 빌려 위세를 부림.

狐	狐	狐	狐				
여우 호	丿 犭 犭 犳 狐 狐						
假	假	假	假				
거짓 가	亻 伊 伊 俨 假 假						
虎	虎	虎	虎				
범 호	丨 𠂆 𠂇 广 虎 虎						
威	威	威	威				
위엄 위	厂 反 反 威 威 威						

虎視眈眈 호시탐탐 출전: 주역 이괘편
'범이 눈을 부릅뜨고 먹이를 노려본다'는 뜻으로, 남의 것을 빼앗기 위하여 형세를 살피며 가만히 기회를 엿봄. 또는 그런 모양.

虎	虎	虎	虎						
범 호	丨 ト 广 卢 虎								
視	視	視	視						
볼 시	二 丅 禾 和 祖 視								
眈	眈	眈	眈						
노려볼 탐	丨 冂 目 盯 肷 眈								
眈	眈	眈	眈						
노려볼 탐	丨 冂 目 盯 肷 眈								

浩然之氣 호연지기 출전: 맹자 공손추편
하늘과 땅 사이를 가득 채울 만큼 넓고 커서 어떠한 일에도 굴하지 않고 맞설 수 있는 당당한 기상.

浩	浩	浩	浩						
넓을 호	氵 汸 浩 浩 浩 浩								
然	然	然	然						
불탈 연	夕 夕 妖 妖 妖 然								
之	之	之	之						
갈 지	丶 二 ラ 之								
氣	氣	氣	氣						
기운 기	𠂉 仁 气 氕 氣 氣								

胡蝶之夢 호접지몽 출전: 장자 제물론편
'나비에 관한 꿈'이라는 뜻으로, 인생의 덧없음을 이르는 말.

胡	胡	胡	胡						
오랑캐 이름 호	十 十 古 쳐 胡 胡								
蝶	蝶	蝶	蝶						
나비 접	虫 虹 蚪 蜨 蝶 蝶								
之	之	之	之						
갈 지	丶 亠 之 之								
夢	夢	夢	夢						
꿈 몽	艹 苗 芇 蔷 夢 夢								

昏定晨省 혼정신성 출전: 예기 곡례상
'밤에는 부모의 잠자리를 보아 드리고 이른 아침에는 부모의 밤새 안부를 묻는다'는 뜻으로, 부모를 잘 섬기고 효성을 다함을 이르는 말.

昏	昏	昏	昏						
어두울 혼	一 厂 氏 氏 昏 昏								
定	定	定	定						
정할 정	宀 宀 宁 宇 定 定								
晨	晨	晨	晨						
새벽 신	日 尸 辰 辰 晨 晨								
省	省	省	省						
살필 성	丶 小 少 省 省 省								

和光同塵 화광동진 출전: 노자 도덕경
'빛을 감추고 티끌 속에 섞여 있다'는 뜻으로, 자기의 뛰어난 지덕을 나타내지 않고 세속을 따름을 이르는 말.

和	和	和	和				
화할 화	ノ 二 千 禾 和 和						
光	光	光	光				
빛 광	ㅣ ㅑ ㅑ ㅑ 平 光						
同	同	同	同				
한가지 동	ㅣ 冂 冂 同 同 同						
塵	塵	塵	塵				
티끌 진	广 产 庐 庐 鹿 塵						

畵龍點睛 화룡점정 출전: 수형기
무슨 일을 하는 데에 가장 중요한 부분을 완성함을 비유적으로 이르는 말.

畵	畵	畵	畵				
그림 화	フ ㄱ 申 畫 畵 畵						
龍	龍	龍	龍				
용 룡(용)	青 青 背 背 龍 龍						
點	點	點	點				
점 점	日 甲 里 黑 黑 點						
睛	睛	睛	睛				
눈동자 정	ㅣ 目 目 睛 睛 睛						

華胥之夢 화서지몽 출전: 열자 황제편
낮잠 또는 좋은 꿈을 이르는 말.

華	華	華	華						
빛날 화	艹 艹 芢 芢 荟 華								
胥	胥	胥	胥						
서로 서	一 丆 疋 疋 胥 胥								
之	之	之	之						
갈 지	丶 亠 ㇇ 之								
夢	夢	夢	夢						
꿈 몽	艹 艹 䒑 䒑 夢 夢								

和氏之璧 화씨지벽 출전: 한비자
'화씨의 구슬'이라는 뜻으로, 천하의 명옥을 이르는 말.

和	和	和	和						
화할 화	一 二 千 禾 和 和								
氏	氏	氏	氏						
성씨 씨	一 𠂆 𠂉 氏								
之	之	之	之						
갈 지	丶 亠 ㇇ 之								
璧	璧	璧	璧						
구슬 벽	尸 尸 辟 辟 壁 璧								

換骨奪胎 환골탈태 출전: 냉재야화

'뼈대를 바꾸어 끼고 태를 바꾸어 쓴다'는 뜻으로, 고인의 시문의 형식을 바꾸어서 그 짜임새와 수법이 먼저 것보다 잘되게 함을 이르는 말.

換	換	換	換						
바꿀 환	扌 扩 护 捛 捣 換								
骨	骨	骨	骨						
뼈 골	冂 冋 呵 骨 骨 骨								
奪	奪	奪	奪						
빼앗을 탈	六 木 杢 枩 奞 奪								
胎	胎	胎	胎						
아이 밸 태	刀 月 肚 胪 胎 胎								

後生可畏 후생가외 출전: 논어 자한편

'젊은 후학들을 두려워할 만하다'는 뜻으로, 후진들이 선배들보다 젊고 기력이 좋아, 학문을 닦음에 따라 큰 인물이 될 수 있으므로 가히 두렵다는 말.

後	後	後	後						
뒤 후	ノ 彳 扴 袏 後 後								
生	生	生	生						
날 생	ノ 一 牛 生 生								
可	可	可	可						
옳을 가	一 丆 丏 叮 可								
畏	畏	畏	畏						
두려워할 외	丶 冂 曰 田 甼 畏								

涸轍鮒魚 학철부어 출전: 박택편

'수레바퀴 자국에 괸 물에 있는 붕어'라는 뜻으로, 매우 위급한 처지에 있거나 몹시 고단하고 옹색한 사람을 이르는 말.

涸	涸	涸	涸					
마를 학(후)	氵 氵 氵 沪 涸 涸							
轍	轍	轍	轍					
바퀴자국 철	亘 車 軒 軯 轍 轍							
鮒	鮒	鮒	鮒					
붕어 부	夕 鱼 魚 魣 鮒 鮒							
魚	魚	魚	魚					
물고기 어	丿 ク ク 冎 伯 魚							

胸有成竹 흉유성죽 출전: 소식과 문여가의 일화

'대나무 그림을 그리기 이전에 마음속에 이미 완성된 대나무 그림이 있다'는 뜻으로, 일을 처리하는 데 있어 이미 계산이 모두 서 있음을 비유하는 말.

胸	胸	胸	胸					
가슴 흉	月 肑 肑 肑 胸 胸							
有	有	有	有					
있을 유	一 ナ 十 有 有 有							
成	成	成	成					
이룰 성	厂 厂 厅 成 成 成							
竹	竹	竹	竹					
대 죽	丿 𠂉 𠂉 𠂉 竹 竹							